... einem wißbegierigen Gelbgurt gewidmet!

Das Kampfsport Lexikon

von Aikido bis Zen

von
Dr. Wolfgang Weinmann

unter Mitarbeit von
K. D. Alletter, W. Dreher, A. Gehrmann,
J. Henkelmann, Z. Rebac und G. Siebert

mit 51 Abbildungen
von Kerstin Körber, Hasso Hinke
und vielen alten Meistern
Titelbild: Paul Maria Kern

4. Auflage
1998

VERLAG WEINMANN — BERLIN

Die Deutsche Bibliothek — CIP-Einheitsaufnahme

Weinmann, Wolfgang:
Das Kampfsport Lexikon : von Aikido bis Zen /
von Wolfgang Weinmann.
Unter Mitarb. von K. D. Alletter ...
Mit Abb. von Kerstin Körber ... —
4. Aufl. — Berlin : Weinmann, 1998
ISBN 3-87892-044-X
NE: HST

Satz und Druck: Hildebrand

Inhaltsverzeichnis

Einleitung

Nicht nur Jagd, Handwerk und Kunst sind uralte, wertvolle Kulturgüter — die Kampfkunst gehört auch dazu. Sie ist eine der ältesten Künste der Menschheit! In vielen Ländern und Kulturkreisen der Erde haben sich in Vergangenheit und Gegenwart unterschiedliche Kampfpraktiken entwickelt. Sie wurden für den Krieg oder zum persönlichen Schutz gebraucht, aber auch schon in alter Zeit (zu Übungszwecken) „sportlich" betrieben. Es ist bemerkenswert, welche Vielzahl an Kampfkünsten die Völker der Welt hervorgebracht haben.

Unter „Kampfsport" versteht man Sportarten und Bewegungssysteme, die sich aus alten Kampfkünsten und Waffenübungen entwickelt haben, noch heute dem Zweikampf oder zur Selbstverteidigung dienen bzw. die Bewahrung alten Brauchtums und traditioneller Bewegungskultur zum Inhalt haben. Zum Kampfsport zählen auch Bogenschießen und Fechten, nicht aber der Gebrauch von Feuerwaffen.

Im **Kampfsport-Lexikon** werden zahlreiche der weltweit entstandenen Kampf- und Bewegungssysteme vorgestellt. Detailliert beschrieben wurde das, was besonders interessant erschien oder eine gewisse Verbreitung gefunden hat.

Das Kampfsport-Lexikon besteht aus vier Teilen:

1. Einleitende Betrachtungen über Besonderheiten des Kampfsports.
2. Überblick über die Entstehung und Verbreitung der Kampfkünste auf der Welt.
3. Beschreibungen der bekanntesten heutigen Kampfsportarten und daraus hervorgegangener Bewegungssysteme.
4. Erläuterungen und Übersetzungen der international gebräuchlichen Kampfsport-Begriffe und Fachwörter von A bis Z.

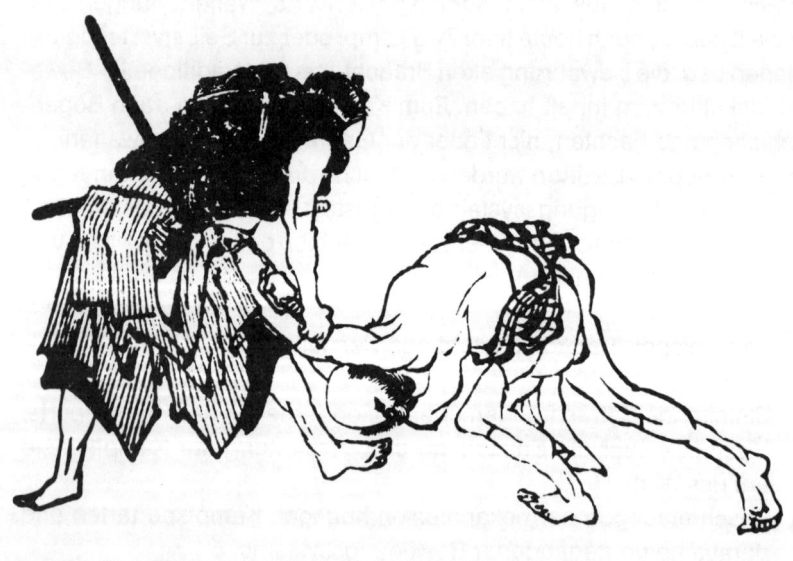

Abb. 1   Kampfszene (Hokusai, japanischer Maler)

8

Die Entwicklung der Kampfkünste

Selbstverteidigungs- und Kampfsysteme gibt es, seit Menschen auf der Erde leben, die ihre Probleme durch die Anwendung von Gewalt zu lösen versuchten.
Der Selbsterhaltungstrieb des Menschen und der Wille, kriegerische Auseinandersetzungen oder Überfälle zu überstehen bzw. dabei siegreich zu bleiben, führte bei vielen Völkern der Erde zur Entwicklung eigener Kampfkünste, die unter Benutzung von Waffen oder waffenlos betrieben wurden. Die Kampfkünste dienten oft militärischen Zwecken und sollten wehrfähig machen bzw. kampfkräftig erhalten. Sie erlebten nicht nur im Osten, sondern auch im Westen Blütezeiten. Ihre Vielfalt ist beeindruckend!

Die gängigen Ursprungstheorien des Sports (er sei ursprünglich immer kultisch gewesen, er wäre dem Triebleben oder Spieltrieb entsprungen usw.) treffen auf den Kampfsport nicht oder nur sehr bedingt zu. Der Kampf war eine **praktische** Notwendigkeit, um im Lebenskampf zu bestehen. Kampfübungen waren ,,Überlebenstraining''. Wettbewerbe dienten in erster Linie der Wehrertüchtigung, auch wenn damit gelegentlich andere Motive oder persönlicher Prestigegewinn verbunden waren.
Abgesehen von angeborenen, instinktiven Abwehrreaktionen entdeckte man wirksame Techniken oft durch Zufall, Nachdenken oder Tierbeobachtung. Im Lernprozeß durch Versuch und Irrtum wurden solche Techniken immer wieder verbessert und oft zu Kampf-Systemen weiterentwickelt.
Weil die anatomischen Voraussetzungen überall gleich waren (Menschen haben nun einmal nur zwei Arme und zwei Beine!), kam man bei der ,,Erfindung'' solcher Techniken in den unterschiedlichsten Kulturkreisen und Epochen häufig zu ähnlichen Ergebnissen.

Das Training der Kampfkünste wurde meist mit militärischem Ernst betrieben, weil davon das eigene Überleben abhing. Fertigkeiten in den Kampfkünsten waren eine Art „Lebensversicherung".

Aus dieser Zeit stammt die hohe Verehrung, die man alten asiatischen Meistern entgegenbringt: Wer alt wurde und alle Gefechte überlebt hatte, mußte besser als andere und letztendlich weise sein.

Wenn gewisse heutige „Meister" (oder eitle Verbandsfunktionäre), die weder Kampferfahrung, noch sportliche Erfolge vorweisen können oder gar Weisheit besitzen, solchen Respekt erheischen, wünscht man sich manchmal die Ausleseprinzipien der Feudalzeit wieder zurück!

Während die Kampfkünste im Altertum und im Mittelalter vor allem zu Angriff und Verteidigung bei kriegerischen Auseinandersetzungen dienten, wandelten sich später manche Kampfkünste zu Körperertüchtigungssystemen oder Bewegungskulturen bzw. zum Kampfsport. Erzieherische Aspekte, die Traditionspflege oder der Wettkampfgedanke standen nun im Vordergrund.

Der Wunsch mit anderen seine Kräfte zu messen, ist ein uraltes Grundbedürfnis des Menschen! Die Regeln, nach denen dies geschah, entwickelten sich unterschiedlich, je nachdem, ob man sich darauf einigte, den nackten Körper des Gegners zu erfassen oder den Kontrahenten an der Jacke, Hose oder seinem Gürtel ergriff. Die Art der zulässigen Schlag- und Trittechniken bzw. die gültigen Trefferzonen bestimmten die Entwicklung der Sportart.

Schon früh diente der Kampfsport aber auch der Sensation und Unterhaltung. Das Zuschauen beim Kampf befriedigt offenbar geheime Wünsche der Betrachter und gibt ihnen die Möglichkeit, sich mit den Siegern zu identifizieren. Das Wort „Sport" stammt aus dem Lateinischen: „se deportare" = sich belustigen, ergötzen!

Schon in der Antike erkannte man, daß Wettkämpfe nicht nur der Unterhaltung dienlich waren, sondern ein nützliches Ventil für den „Betätigungsdrang" junger Menschen sein können, zumal es häufig gelang, die Kämpfe durch Regeln und traditionelle Tabus relativ ungefährlich zu gestalten.

Bei manchen Völkern dienten Scheingefechte oder rituelle Faust- und Ringkämpfe der Sozialisation. Zweikämpfe wurden bei Totenfeiern und

Fruchtbarkeitsriten veranstaltet, zu Gerichtsentscheidungen benutzt oder als „Gottesurteil" anerkannt.

Viele alte Kampfpraktiken gerieten im Laufe der Geschichte in Vergessenheit, andere (wie die Kampfkünste der Samurai) wurden über Jahrhunderte weiterbetrieben. Manche Kampfkünste wurden aus ihrem einstigen Entstehungsgebiet in andere Länder exportiert oder sogar weltweit verbreitet. So erlangten japanische, koreanische oder chinesische Kampf- und Bewegungskünste inzwischen in Europa große Popularität.

Praktiken, die auf einer Steigerung der Körperkraft beruhen, stehen Formen gegenüber, die hauptsächlich auf Geschicklichkeit und Schnelligkeit basieren. Die Frage, welches Prinzip wirksamer ist, die Steigerung von Kraft und Kondition oder die technische Perfektion, ist bis zum heutigen Tag strittig.

Seit Menschengedenken haben die körperlich Schwächeren „Tricks" ersonnen, um Stärkere zu überlisten. Man findet derartige Kunstgriffe in unterschiedlichen Epochen und Kulturkreisen. Sie wurden in vielen Ländern zu Systemen zusammengefaßt, häufig geheim gehalten und meist nur von bestimmten Personenkreisen angewandt und weiterentwickelt.

Manche Kampfpraktiken (Ringen, Judo u.ä.) beinhalten ein Erfassen des Gegners am Körper oder an der Kleidung. Bei anderen verzichtet man darauf und greift stattdessen empfindliche Körperstellen des Kontrahenten mit Schlägen und/oder Tritten an (Boxen, Taekwondo u.a.). Alle Kampfkünste zielen darauf ab, dem Gegner den eigenen Willen bzw. die eigene Taktik aufzuzwingen, wobei auch Täuschungsmanöver angewendet werden.

Im Laufe der Jahrtausende wurden die Kampfkünste hauptsächlich von Männern betrieben. In neuerer Zeit werden zunehmend auch Frauen in den Kampfsportarten aktiv. Sie sollten dabei allerdings nicht übertreiben, wie die Amazonen im Altertum, die bekanntlich auf eine Brust verzichteten, damit diese beim Bogenschießen nicht störe.

Frauen können heute regelmäßig und ernsthaft Kampfsport betreiben und wirksame Verteidigungspraktiken erlernen, um sich im Ernstfall gegen Aggressoren wehren zu können. Unter Selbstverteidigungsaspekten sollten sie jedoch stets gemeinsam mit Männern trainieren, um auch gegen körperlich Stärkere ernsthafte Gegenwehr zu erproben.

,,Selbstverteidigungskurse (nur!) für Frauen'' von falschen Propheten/innen des leichten Erfolges propagiert, sind genauso unzweckmäßig, wie ,,Turnwettbewerbe für Nichtschwimmer''!

Tierbeobachtung und Verhaltensforschung lehren uns, daß Kampf und Kampfsport keine ,,Erfindungen'' des Menschen sind. Rangordnungskämpfe unter Artgenossen (mit Herausforderungsgesten, Imponiergehabe und ritualisiertem Eingeständnis der Niederlage) und Kampfspiele von Jungtieren ähneln entsprechenden menschlichen Bemühungen.

Bären und Frösche führen ,,Ringkämpfe'' aus, Känguruhs und Ratten ,,boxen''. Hirsche messen ihre Kräfte durch ,,Schiebetechniken'' und Huftiere (auch Kaninchen!) wenden ,,Beintechniken'' an.

Die ,,Kampfregeln'' vieler Tiere sind vorbildlich — tödliche Konfrontationen werden vermieden. Der Sieger verhält sich gegenüber dem seine Niederlage anerkennenden Gegner großmütig (Beißhemmung!). Dem menschlichen Verstand blieb es vorbehalten, Kampfwerkzeuge wie Speer, Pfeil und Bogen, Messer, Schwert (und Schlimmeres!) zu erfinden.

Die kämpferischen Fähigkeiten und Eigenheiten von Tieren wurden oft (ähnlich wie bei den Tierkreiszeichen) idealisiert. In unterschiedlichen Kulturkreisen (Indianer, Germanen, Chinesen) versuchte man, sich die Kräfte und Eigenschaften von Tieren anzueignen, sie nachzuahmen und so über sich hinauszuwachsen.

Kampfsportarten unterscheiden sich von anderen Sportdisziplinen dadurch, daß sie auf alten Verteidigungspraktiken basieren, die ursprünglich für den ernsten Kampf und das Überleben kriegerischer Auseinandersetzung erdacht waren. Die meisten der heutigen Budodisziplinen entstammen solchen alten Kriegskünsten! Schon in alter Zeit bestand dabei die Notwendigkeit, Praktiken, die den Feind vernichten sollten, mit den eigenen Kameraden so ungefährlich wie möglich (aber trotzdem realistisch!) zu trainieren. Man sann daher nach Methoden, wie man an sich gefährliche Praktiken zu Übungszwecken ungefährlich ausführen konnte, ohne daß diese ihre angestrebte Wirksamkeit im Ernstfall verloren.

Es ist wohl kaum möglich, die Vielzahl der Kampfpraktiken und Kampfsportarten, die sich im Laufe der Jahrtausende weltweit entwickelt
haben, vollständig zu beschreiben, zumal die uns erhaltenen Darstellungen und überlieferten Beschreibungen lückenhaft sind. Das Wissen
über die alten Kampfkünste beruht auf Fragmenten.

Lesern, die interessante Ergänzungen zu diesem Buch liefern, sind wir
dankbar. Wir werden solche Beiträge nach Möglichkeit in späteren Auf-
lagen berücksichtigen. Schreiben Sie an die Verlagsadresse (siehe
letzte Seite).

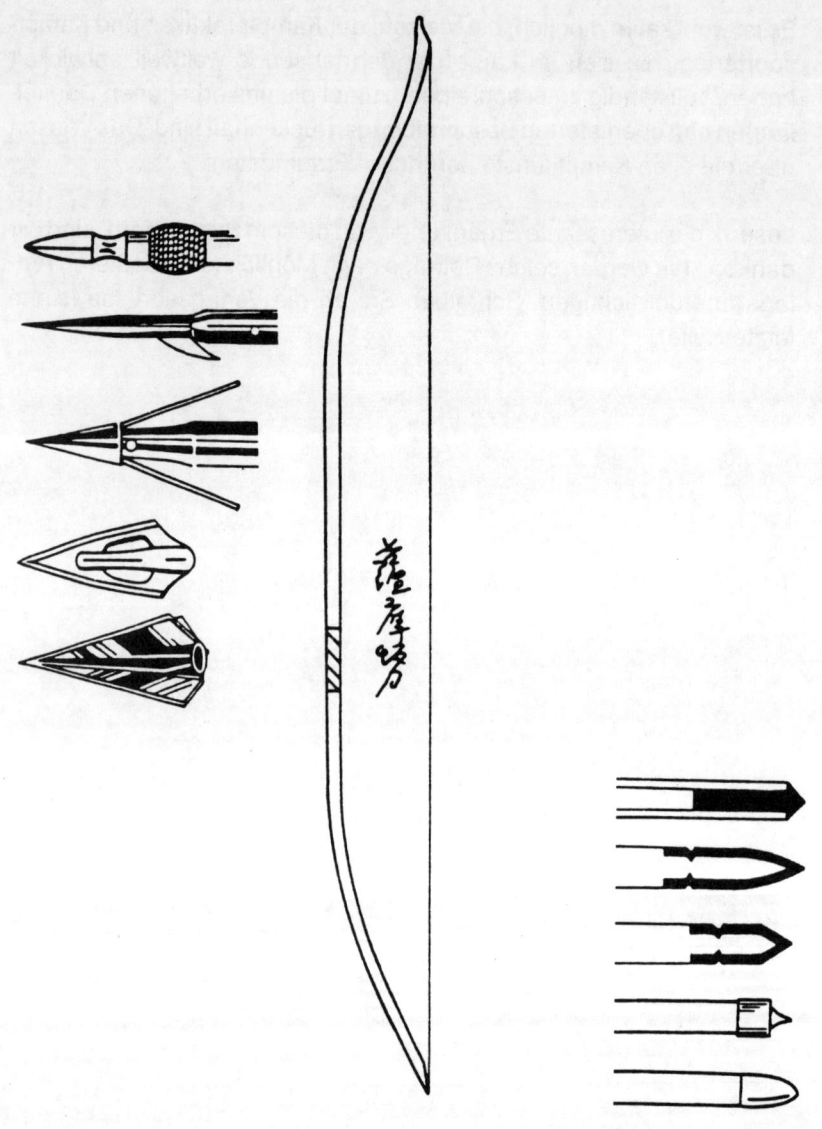

Abb. 2 Aus Kriegs- und Jagdpfeilen wurden Scheibenpfeile

Von der Kampfkunst zum Kampfsport

Im Laufe der Jahrhunderte wurden viele alte Kriegskünste durch wirksamere Systeme oder neue Waffen abgelöst und kamen so aus der Mode. Die europäischen mittelalterlichen Selbstverteidigungspraktiken, wie die Kampfkünste der Landsknechte, gerieten in Vergessenheit. Bogenschießen und Fechten wurden durch die Erfindung der Feuerwaffen überholt.

Da man erkannt hatte, daß den alten Kriegskünsten nützliche erzieherische Werte innewohnten, die auch für künftige Generationen erhalten werden sollten, suchte man schon früh nach Methoden, die Kriegstechnik sozusagen für friedliche Zwecke nutzbar zu machen.

Man erfand diverse Schutzvorrichtungen, um einerseits möglichst gefahrlos üben zu können, andererseits aber die Wirksamkeit der alten Kriegskunst zu erhalten. In den einzelnen Disziplinen ging man verschiedene Wege und hatte unterschiedlichen Erfolg bei der Lösung des geschilderten Problems.

Beim **Florettfechten** ersetzte man die starre, spitze Klinge dieser Stichwaffe durch eine biegsame, mit einem stumpfen Ende versehene „Sportklinge", die beim Auftreffen nicht in den Körper des Gegners eindringt. Mit einem Sportflorett und entsprechender Schutzkleidung (Maske und Fechtweste) läßt sich die Fechttechnik nahezu unverändert realistisch üben (worin der Reiz des Fechtens liegt), ohne daß der Gegner gefährdet wird. Seltenen, aber tragischen Unfällen durch Abbrechen der Klinge, versucht man heute durch Verwendung moderner Werkstoffe zu begegnen.

Wenn auch die Regeln des Sportfechtens nicht mehr ganz der Situation in einem „ernsten Gefecht" entsprechen, besteht doch kein Zweifel, daß ein geübter Sportfechter eine äußerst gefährliche Waffe führt, würde er das ursprüngliche Florett benutzen.

Beim **Kendo** (dem japanischen Schwertfechten) ging man einen ähnlichen Weg. Früher benutzten die Samurai das japanische Schwert (Katana) als Hieb- und Stichwaffe bei kriegerischen Auseinandersetzungen.

Um sich in der Fechtkunst zu üben, erfand man bereits damals das „Shinai", einen federnden Fechtstock, der in Gewicht und Länge dem japanischen Schwert ähnelt. Dieser Fechtstock, mit dem man sich heute sportlich betätigt, besteht aus einem in Längsrichtung in vier Teile gespaltenen Bambusstab, der mit Lederriemen zusammengehalten wird. Um zu verhindern, daß mit der „Breitseite" geschlagen wird, wurde eine Seite des Shinai mit einer Sehne versehen. Nur die der Sehne abgewandte Seite („Schneide") gilt beim sportlichen Kendo als Trefffläche. Diese elastische Übungswaffe, ein Kopf- Brust- und Lendenschutz sowie gepolsterte Handschuhe, ermöglichen ein realistisches aber ungefährliches Üben aller fechterischen Manöver — Kendo ist verletzungsärmer als viele andere Sportarten! Würde jedoch ein „shinai-geübter" Fechter das scharfgeschliffene Samurai-Schwert benutzen, fielen wieder (wie in der Feudalzeit) Köpfe und Hände der Gegner ab, weil er gelernt hat, eine tödliche Waffe mit Geschick zu führen.

Beim **Bogenschießen** ging der Trend vom Kriegspfeil zum „Scheibenpfeil". Die alte Schießtechnik, die ursprünglich dem Beschuß eines Feindes galt, wird heute dazu benutzt, auf genormte Entfernungen eine Zielscheibe möglichst genau zu treffen. Obgleich auch schon früher zur Übung der Krieger Wettbewerbe im Zielschießen durchgeführt wurden, beeinflußte nun der veränderte Zweck des Bogenschusses Schießtechnik und Geräte. Die hohe Durchschlagskraft des Pfeils (ursprünglich zum Durchbohren des gepanzerten Gegners erforderlich) wurde nicht mehr benötigt. Dafür steigerte man durch raffinierte Veränderungen des Bogens und der Bauart der Pfeile die Treffgenauigkeit.

Beim **Kyudo**, der japanischen Variante des Bogenschießens, kam man ohne wesentliche Veränderungen aus. Die alte Kunstfertigkeit, mit Pfeil und Bogen oder der Armbrust zu jagen (oder auf Menschen zu schießen), blieb bis heute weitgehend unverändert.

In manchen Disziplinen wurden aber auch alte Kriegskünste zum ,,Primitivsport'' degradiert. Seit man beim Speerwurf (einer uralten, schon vor Jahrtausenden bekannten Waffentechnik des Menschen) keinen Wert mehr auf das gekonnte Treffen des Ziels legte, wurde daraus eine ,,Weitwurf-Rekorddisziplin'' ohne eigentlichen Sinn. Auch bei den waffenlosen Kampfkünsten versuchte man, deren volle Wirksamkeit (für Selbstverteidigungszwecke) zu erhalten und gleichzeitig eine ungefährliche, sportliche Ausübung durch konsequente Kampfregeln und Schutzvorrichtungen zu ermöglichen. Dies ist deswegen schwierig, weil der Kampfsport keine Spielsportart ist. Ein Kampf wird geistig und körperlich kompromißlos geführt. Trotz vollem kämpferischen Einsatz soll der Gegner dabei aber nicht verletzt und durch Einhaltung eines strengen Reglements möglichst geschont werden.

Die Kunst des **Boxens** besteht darin, einen Gegner zu treffen ohne selbst getroffen zu werden. Dabei gefährden Schläge zum Kopf die Gesundheit, weil Aufschlagkräfte entstehen können, die die Grenzen der Belastbarkeit des Gehirns überschreiten. Beim sportlichen Boxen hat man versucht, die Schlagwirkung der Fäuste durch Boxhandschuhe mit einer Polsterung bis zu 12 Unzen zu mildern und zusätzlich bei manchen Wettbewerben (bzw. beim Training) den Kopfschutz eingeführt. Leider haben diese Schutzmaßnahmen ebensowenig vermocht, die Gesundheit des Boxers unter allen Umständen zu schützen, wie strenge Regeln, ärztliche Überwachung und der mit Seilen und gepolstertem Boden versehene Ring. Die durch Training erworbene Schlagkraft des Boxers kann bei wettkampfmäßiger Ausübung und unter ungünstigen Umständen zu schweren Unfällen oder Dauerschäden führen — der Wert des Boxsportes als Selbstverteidigungskunst allerdings blieb voll erhalten.

Beim besonders realistischen Vollkontakt-Kampf (Thai-Boxen, Kick-Boxen) erhöhen sich die Gesundheitsgefahren (trotz Boxhandschuhen bzw. Hand-, Fuß- und Kopfschutz) noch dadurch, daß die Wettkämpfer die Füße bzw. Knie und Ellenbogen einsetzen.

Beim klassischen **Karate** werden alle Schläge und Tritte kurz vor dem Körper des Gegners gestoppt. Für die Gesundheit des Sportlers besteht dabei normalerweise keine Gefahr. Es stellt sich aber die

Frage, welche Wirkung ein Treffer tatsächlich erzielt hätte, wenn...? Diese Problematik hat man erkannt und den ,,Schlagtest" eingeführt. Durch Zertrümmern von Holz, Steinen, Dachpfannen etc. mit bloßen Händen oder Füßen kann der Sportler seine Schlagkraft und Entschlossenheit demonstrieren; Zweifel an der hinreichenden Wirkung seiner Technik in einer echten Kampfsituation werden dadurch aber nicht vollständig ausgeräumt. Hinzu kommt, daß ,,Nehmerqualitäten" in dieser Sportart (im Gegensatz zum Boxen) üblicherweise nicht erworben werden, d.h. der sportliche Kampf nicht mehr ganz der Realität eines ernsten Faust- und Fußkampfes entspricht.

Bei den kriegerischen Vorläufern des **Judo** beruhte die kampftechnische Wirksamkeit der Würfe darauf, einen Gegner zu Boden zu schmettern, was auf hartem Untergrund entsprechend gefährliche Folgen hatte. Um solche Würfe ungefährlich üben zu können, benutzte man eine elastische Matte aus Reisstroh (Tatami). Außerdem erlernen Judoka zu Beginn ihrer Ausbildung eine exzellente Falltechnik, die es (durch Aufschlagen mit Armen und/oder Beinen) ermöglicht, auch einen schwungvollen Aufprall unbeschadet zu überstehen. Judowürfe, mit Fallunkundigen auf hartem Untergrund ausgeübt, behalten ihre ursprüngliche, kampfentscheidende Wirkung.

Beim Judo und in der Selbstverteidigung werden Armhebel und Würgegriffe angewendet. Mit Hilfe dieser Techniken ist es leicht möglich, einen Arm zu brechen oder den Gegner abzuwürgen. Durch die Einführung der Kampfregel, daß der angesetzte Griff sofort zu lösen ist, wenn der Gegner durch Abklopfen oder Haltrufen aufgibt, wurde es möglich, solche gefährlichen Techniken ungefährlich zu üben und anzuwenden. Sportliches Judo entspricht der Idee, den Gegner ohne körperliche Schädigung zu besiegen, beinhaltet aber gleichwohl die realistische Möglichkeit, im Ernstfall einen Kampf entscheidend zu beenden.

Fazit: Kampfsportarten bleiben interessant und wertvoll, wenn es gelingt, ihre alten Kunstfertigkeiten, ihre geistigen Werte und ihre ursprüngliche kriegerische Effektivität zu erhalten und sie gleichzeitig so zu entschärfen, daß — unter Beachtung von Regeln und Sicherheitsmaßnahmen — ein ungefährliches Training bzw. ein Wettkampf mit kalkulierbarem Risiko möglich ist.

Der realistische „Ernstkampf-Hintergrund" gibt den Kampfsportarten einen Zweitnutzen, der bei anderen Sportarten in dieser Form nicht ohne weiteres erkennbar ist. Die (unbewußte) Fertigkeit eines Fußballspielers, einen Gegner mit den Füßen zu bekämpfen (niemand spielt deswegen Fußball!), sollte allerdings nicht unterschätzt werden. Wichtige Werte des Kampfsports liegen im erzieherischen Bereich, d. h. in der unmittelbar erlebten körperlichen Auseinandersetzung, im bewußt gewordenen Wechselspiel zwischen Angriff und Verteidigung, in der Notwendigkeit, zwischen Aggression und passivem Verhalten ständig blitzschnelle Entscheidungen zu treffen sowie im Finden einer eigenen Strategie und dem Erahnen der Absichten des Gegners. Erst ein hohes Maß an Selbstbeherrschung, gepaart mit körperlicher Robustheit, Sensibilität, blitzschneller Reaktion und konsequenter Entschlußkraft ermöglicht perfekten Kampfsport.

Kampfsport ist eine hervorragende Charakterschule: Mut, Durchsetzungsvermögen und die Fähigkeit schnell zu Handeln, werden ebenso gefördert, wie ein wachsames Auge, Geistesgegenwart, innere Ruhe, Vorsicht und Behutsamkeit. Beim Kampfsport lernt man Angst überwinden, auch unter Streß sinnvoll zu agieren und aufkommende Überheblichkeit zu beherrschen.

Dies alles erschließt sich nur dem Kampfsportler, der langfristig und ernsthaft übt und kämpft! Er muß bereit sein, diesen beschwerlichen Weg (Do) zu gehen, denn der Reifungsprozeß führt unweigerlich über die Praxis!

„... nicht das Treffen ist wichtig", lautet eine Weisheit alter Bogenmeister, die auf diese geistigen Hintergründe hinweist — natürlich ist dies kein Ratschlag für Anfänger!

Die Faszination des Kampfsports beruht auf dem Streben nach Perfektion körperlicher Fertigkeiten und einer damit einhergehenden Verinnerlichung geistiger Werte:

„Lernen ist wie gegen den Strom schwimmen — wer aufhört, treibt zurück!"

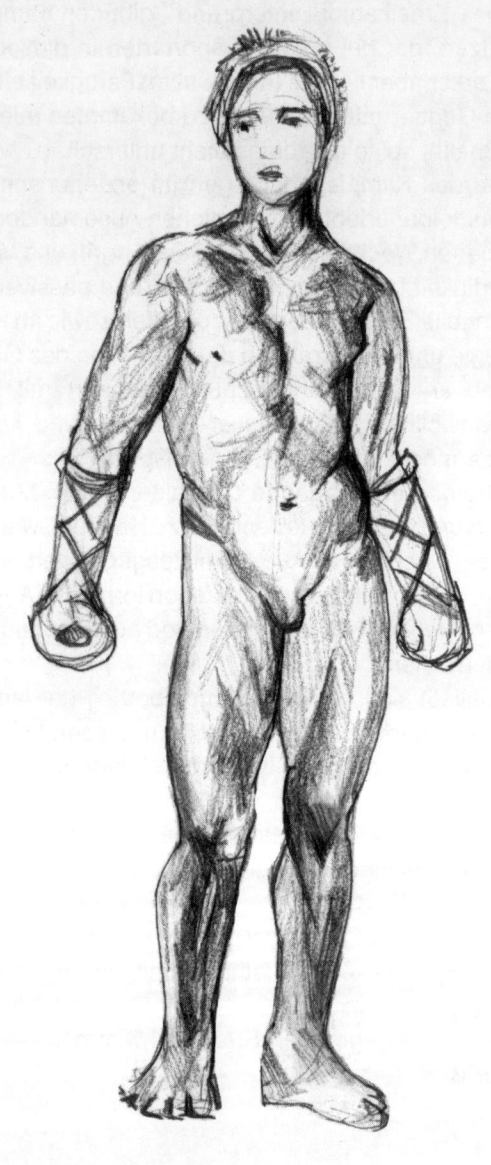

Abb. 3   Boxer in der Antike

Kampfsport und Gewaltanwendung

Begünstigt die Beschäftigung mit Kampfsport aggressives Verhalten? Machen Kampfsportfertigkeiten aggressive Zeitgenossen noch gefährlicher? Neulinge beginnen in der Tat häufig mit dem Kampfsporttraining, um sich für den „Ernstfall" zu wappnen und das Gefühl von Stärke und Sicherheit zu erwerben. Neben falschen Vorstellungen über das Erlernen „unfehlbarer Techniken im Schnellverfahren" ist das auslösende Moment für den Entschluß, sich mit einer Kampfsportart zu beschäftigen, oft der Wunsch, bei einer eventuellen Auseinandersetzung überlegen bzw. „unbesiegbar" zu sein. Dabei haben unerfahrene Kampfsportjünger oft eine Art von „Wunderglauben" an die Einzigartigkeit oder Unfehlbarkeit eines bestimmten Stils, der gerne von Scharlatanen oder Geschäftemachern in der Szene ausgenutzt wird. Jeder Interessierte sollte wissen: Wer seine Verteidigungsfähigkeit wirklich steigern will, kann sich um längerfristiges, ernsthaftes Training nicht herummogeln — er muß **echte** Kampferfahrung sammeln.

Ebenso wie die Neigung zum Waffenbesitz, haben viele Menschen zumindest zeitweise den Wunsch, eine oder mehrere Kampfkünste zu „können". Neue Kampfsportanhänger sind häufig weniger sportorientierte Leute, eher solche, die ein Defizit an Selbstvertrauen haben. Schlägertypen betreiben fast nie klassische Kampfsportarten. Eine wichtige Voraussetzung für das Beherrschen einer Kampfsituation ist die realistische Einschätzung der eigenen Fähigkeiten und der Möglichkeiten des Gegners. Unnötig aggressives Verhalten, Jähzorn oder rohe Gewalt (das lehrt die Kampferfahrung) sind unzweckmäßig und häufig Ursache von Niederlagen. Ein kühler Kopf, innere Ruhe und die Fähigkeit, auf den richtigen Moment warten zu können, sind bei Auseinandersetzungen mit Stärkeren besonders wichtig für den

Kampferfolg. Die erfolgreiche Ausübung von Kampfsport ist ohne Selbstkontrolle praktisch nicht möglich.

Die Teilnahme an Wettkämpfen erfordert Verantwortungsbewußtsein und die Einhaltung strenger Regeln. Die Forderung nach einem hohen Maß an Disziplin und Rücksichtnahme auf Schwächere zieht sich daher wie ein roter Faden durch die Kampfsportideologie.

Besonnenheit und Beherrschung sind neben zielstrebigem Durchhaltevermögen und Härte (auch gegen sich selbst) praktische Notwendigkeiten für jeden Kämpfer, die durch Übung zur Tugend werden. Beim Training und im sportlichen Wettkampf gemachte Erfahrungen bewirken geistige Einsichten.

Unbeherrscht und/oder unsicher zu sein, sind aber häufig die eigentlichen Gründe, warum Menschen Roheitsdelikte begehen. Da gefährliches aggressives Verhalten und Rücksichtslosigkeit aus Sicherheitsgründen beim Kampfsporttraining nicht geduldet werden, ist die Teilnahme Uneinsichtiger meist nur von kurzer Dauer.

Die längerfristige Beschäftigung mit einem Kampfsport, insbesondere ernsthafte kämpferische Auseinandersetzungen mit unterschiedlichen Gegnern, wirken erzieherisch, weil man nicht umhinkommt, viel Geduld, Ausdauer und Behutsamkeit aufzubringen. Will ein Kämpfer Erfolg haben, muß er zielstrebig seine Technik verbessern und darf nicht nur Zuflucht zu Kraftakten und Gewalt nehmen.

In einer „Steinzeit-Trainingsgemeinschaft", in der die erfahrenen Kämpfer die erforderliche Rücksichtnahme gegenüber Anfängern nicht aufbringen und diese nur als „Frischfleisch" oder „Fallobst" betrachten, bleibt bald der Nachwuchs aus.

Ein wichtiger pädagogischer Effekt beim Kampfsport beruht auf folgender Erkenntnis: „Da ich selbst keinen Schaden nehmen möchte, bin ich am fairen Verhalten meiner Gruppe besonders interessiert und verhalte mich gegenüber anderen entsprechend rücksichtsvoll". Jeder gute Lehrer achtet beim Training streng darauf, daß Neulinge und Schwächere weitmöglichst geschont werden. Dort, wo man keine Sensibilität für die Gefühle der Unterlegenen entwickelt, hat eine Kampfsportgemeinschaft auf Dauer keinen Bestand.

Beim Kampfsport erlebt man die ernsthafte, unmittelbare Auseinandersetzung mit einem anderen Menschen. Man lernt, einen Angriff des

Gegners mit aller Entschiedenheit zu stoppen und den eigenen Angriff mutig, konzentriert und ohne Zögerlichkeit vorzutragen. Konfrontationen werden entschlossen und geschickt, aber maßvoll und fair gelöst — auch Nachgeben kann von Vorteil sein.

Durch Teilnahme am Kampfsport verinnerlichte Erfahrungen bzw. anerzogene Hemmschwellen werden von den Sportlern im allgemeinen auch außerhalb der Trainingsstätte beachtet, denn sie erweisen sich auch im privaten Umfeld als nützlich — siegen genügt, verletzen muß nicht sein!

Junge Leute, die Kraft und Energie haben, wollen ihre Kräfte messen und sich „austoben". Überschüssige Kräfte oder vorhandenes Aggressionspotential werden nur dann gefährlich, wenn kein sinnvolles Ventil zur Abreaktion zur Verfügung steht und man nicht gelernt hat, Konflikte kontrolliert auszuleben. Bei der Kampfsportausübung werden Regeln erlernt und Tabus verinnerlicht, die es ermöglichen, mit einem Gegner relativ ungefährlich und fair wettzustreiten.

Gefahren für die guten Sitten beim Kampfsport gehen manchmal von übereifrigen Aktiven aus, häufiger jedoch von „Erfolgstrainern" oder willfährigen „Regelbastlern", die nicht begreifen wollen, daß Kampfregeln in erster Linie Sicherheitsvorschriften sind, die korrekt eingehalten werden müssen und nicht Spielball sportfremder, womöglich kommerzieller Interessen werden dürfen. Dort, wo nur Siege bei irgendwelchen Meisterschaften oder 1. Plätze bei XY-Liga-Kämpfen zählen, gibt es leider auch üble Funktionäre, die nicht davor zurückschrecken, Athleten zu unlauteren Kampfmethoden oder zur Brutalität aufzuhetzen. Um sich selbst zu beweihräuchern, überfordern solche „Biedermänner" die jungen Wettkämpfer und täuschen sie (anstatt zur Vorsicht zu mahnen) über vorhandene Gesundheitsgefahren hinweg. Es ist empörend, wenn dadurch Dopingopfer oder „sportliche Frührentner" auf der Strecke bleiben und die Sportart in Verruf gebracht wird.

Wer sich länger und ernsthaft kampfsportlich betätigt, senkt sein Aggressionspotential nicht nur jeweils kurzfristig bezüglich seines Hormonpegels. Das seelisch-charakterliche Gleichgewicht verändert sich meist dauerhaft positiv. Wer beim Training gelernt hat, Anfänger zu schonen, aber auch die Wirksamkeit seiner Techniken aus dem Wettkampf kennt, ist nicht nur aus juristischen Erwägungen bei der Anwendung seiner Fertigkeiten gegenüber Laien vorsichtig — er ist fähig seine Aggressionen zu zähmen.

Die Ausübung von Kampfsport wirkt sich soziologisch gesehen im allgemeinen „friedensfördernd" aus: Wer regelmäßig Kampfsport betreibt, verzichtet in seiner Freizeit gerne auf „Sonderaktivitäten". Wem vom letzten Training noch einiges weh tut, den „juckt das Fell nicht mehr". Der hohe Grad körperlicher Erschöpfung nach Training und Wettkampf setzt die Reizbarkeit herab; der „Zündpunkt" liegt deutlich höher! Bei einschlägigen Gelegenheiten oder Beleidigungen (wie z.B. dem Zuruf: „Du bist wohl feige") reagieren Kampfsportler eher gelangweilt.

Langjährige Beobachtungen des Verhaltens von Kampfsportlern zeigen, daß der Selbstverteidigungsaspekt mit zunehmender Trainingsdauer in den Hintergrund tritt. Aggressionen gehen fast nie von Kampfsportlern aus! Eine Anwendung des Erlernten außerhalb der Übungsstätte ist die äußerst seltene Ausnahme. Mit dem aus wachsender Kampfstärke resultierenden Selbstbewußtsein schwindet das Bedürfnis zur Gewaltanwendung.

Geübte Kampfsportler werden auch seltener „angemacht", weil sie offenbar eine Ausstrahlung besitzen, die andere davon abhält, sie verbal oder tätlich anzugreifen. Ihre selbstbewußte Körpersprache signalisiert: Vorsicht — kein leichtes Opfer!

Wer sich mit Kampfkünsten befaßt, stellt sich früher oder später die Frage, warum er das tut. Ist der Sinn seiner Betätigung die Befriedigung von Wettkampfehrgeiz? Möchte er seine Leistungsfähigkeit und Körperbeherrschung verbessern oder seine Fertigkeiten in der Selbstverteidigung perfektionieren? Sucht er das Gemeinschaftserlebnis oder hat er den Wunsch nach innerer Vervollkommnung und Verbesserung seines seelischen Gleichgewichts?

Diese Fragen muß jeder für sich selbst beantworten und es gibt im Laufe einer Kampfsport-Karriere verschiedene Antworten. Die Absicht zur Aggressionsausübung wird um so weniger darunter sein, je länger man ernsthaft Kampfsport betrieben hat!

Die Entstehung und Verbreitung der Kampfkünste auf der Welt

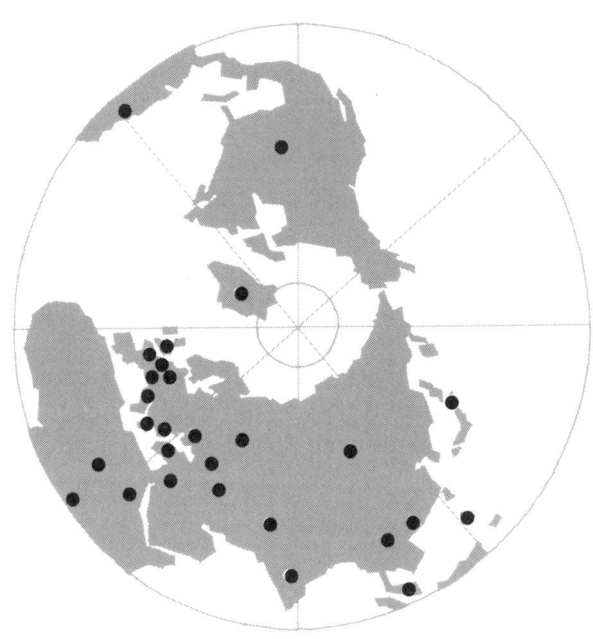

Afrika

In **Ägypten** pflegte man schon vor über 4000 Jahren eine ganze Reihe von Kampfkünsten. In Pyramiden und anderen Gräbern fand man eine Vielzahl von Reliefs und Friesen mit Kampfkunstdarstellungen, Stierkampfbildern und Szenen von der Nilpferdjagd und der Vogeljagd (unter Verwendung von Wurfhölzern).

Ein Relief aus der Grabanlage des Ptahhotep in Sakkara zeigt bereits im alten Reich (um 2300 v. Chr.) ringende Jünglinge, Faustkämpfer und Fechter. Die Ringer trugen häufig einen Lendenschurz. Schon damals waren ,,Armhebel'' bekannt!

Besonders eindrucksvoll sind die zahlreichen Darstellungen von Ringkampf- und Selbstverteidigungs-Praktiken in den Überresten von Beni Hasan, die um 2000 v. Chr. entstanden. Damals wurde hauptsächlich im Stand gekämpft. Meist waren die Ringer nackt, teilweise trugen sie Gürtel. Vermutlich handelte es sich um Übungskämpfe von ,,Soldaten'', die aber auch ,,sportlich'' vor Publikum ausgetragen wurden. Man findet Techniken wie Beinhebel, Armschlüssel, Ausheber, Hüft- und Schulterwürfe und andere Griffe, die teilweise eine erstaunliche Ähnlichkeit mit heute gebräuchlichen Kampfsporttechniken aufweisen.

Abb. 5   Alte ägyptische Kampfpraktiken (Beni Hasan)

Auch das Bogenschießen wurde bereits im alten Ägypten (für die Jagd und militärische Zwecke) betrieben. Eine besonders eindrucksvolle Darstellung zeigt, wie eine Gottheit dem Pharao beim Bogenschießen die (unfehlbaren) Hände führt.

Man findet auch Abbildungen ägyptischer Stockfechter, die mit und ohne Schutzausrüstung (Schilde, Armschienen, Kopfschutz und Wangenpolster) mit ein oder zwei Stöcken vor Zuschauern kämpften. Als Übungswaffe wurden damals Papyrusstengel benutzt. Sieger im Fechten und Ringen (das in Ägypten noch immer populär ist) erhielten Sachpreise.

Noch heute betreiben die Fellachen das Stockfechten „Nebbut". Bei dieser sehr beweglichen Fechtkunst, die auch im übrigen Nordafrika und im arabischen Raum verbreitet ist, wird auf sicheres Parieren besonderer Wert gelegt.

Die Tuaregs (islamische Nomaden der Sahara) führen bis in die Gegenwart rituelle Schwertkämpfe aus.

Nach dem Auszug aus Ägypten betrieben auch die Israeliten (seit ca. 1500 v. Chr.) Verteidigungskünste, worauf Textstellen in der Bibel hinweisen. Der Gebrauch der Steinschleuder war weit verbreitet — David's Sieg über Goliath wurde zum Symbol. Am Hof des Königs Salomon sollen Wettkämpfe im Ringen ausgetragen worden sein.

In neuerer Zeit entstand in **Israel** das realistische Selbstverteidigungssystem „Krav-Maga" (Kontaktkampf), das bei der Armee und Polizei gelehrt wird.

In **West- und Südafrika** wurden prähistorische Höhlenzeichnungen gefunden, auf denen Ringer und Boxer dargestellt sind. Aus Rhodesien stammen uralte Felszeichnungen, die Boxer mit Fausthandschuhen (Abb. 6) und Bogenschützen zeigen. Die erste afrikanische Boxschule der Neuzeit wurde 1878 in Kimberley eröffnet.

Im **Sudan** werden bei Erntefesten zeremonielle Ringkämpfe ausgetragen, an denen Mädchen und Jungen gemeinsam teilnehmen. Die Kämpfer tragen federgeschmückte Gürtel.

Bei den Nubiern ringen Angehörige verschiedener Stämme gegeneinander, wobei sie den Gürtel des Gegners (der mit Kürbissen verziert ist) erfassen. Es werden auch Kämpfe mit Stock und Schild sowie Faust- und Fußkämpfe (unter Trommelbegleitung) ausgetragen.

Abb. 6 Prähistorische Felszeichnung

Noch in unserem Jahrhundert wurden in weiten Teilen Afrikas Pfeil und Bogen sowie der Speer (z.B. bei den Massai) für die Jagd und bei Stammesfehden benutzt.
Der Ringkampf und das Stockfechten sind auch in **Ostafrika** beliebt. Beim Stockfechten sind sogar Hiebe zum Schienbein gestattet. Die Teilnahme von Frauen an den Ringkämpfen ist in Afrika nicht unbekannt. Die Bantus tragen Boxkämpfe mit Faustschutz aus.
Im **Kongo-Becken** werden Ringkämpfe ausgetragen, bei denen sich die Kämpfer Arme und Handflächen mit angerührtem Staub einreiben. Bei den Haussa beginnt der Ringkampf (mit gegeneinander gestemmten Köpfen) im Stand und wird durch Ringen am Boden entschieden. Auch ein Boxkampf mit Fausthandschuhen wird betrieben.
In dem an der afrikanischen Westküste gelegenen **Gambia** wird eine Ringkampfart praktiziert, bei der sich die Kämpfer vorher mit Wasser besprengen. Sie versuchen sich aus dem Gleichgewicht zu bringen. Wer auf dem Boden landet, trägt seine ,,Minuspunkte'' sichtbar auf dem Rücken. Die Sieger erhalten Geldgeschenke.
Auf den Afrika vorgelagertern **Kanarischen Inseln** wird noch heute eine alte Form des Ringkampfes, das ,,Kanarische Ringen'' betrieben. Die Kämpfer bandagieren sich die Handgelenke und kämpfen unter freiem Himmel im schwarzen Sand der Vulkaninseln. Das Kanarische Ringen soll mit dem isländischen ,,Glima-Kampf'' verwandt sein und aus der Zeit der Wikinger stammen, die dort einen Stützpunkt hatten.

Amerika

Nordamerika

Dort lebende Indianerstämme perfektionierten den Gebrauch von Pfeil und Bogen für Kriegs- und Jagdzwecke und setzten Wurfwaffen (Tomahawk) ein. Auch das Bogenschießen zu Pferde wurde betrieben. Bei vielen Stämmen wurden Ringkämpfe ausgetragen. Eine Form des indianischen Ringkampfes bestand darin, den Gegner um die Hüfte zu packen und zu Boden zu bringen. Dabei waren auch Fußtritte und Armhebel erlaubt. Diverse Kampfspiele zur Förderung der Geschicklichkeit der Stammes-Krieger waren beliebt.
Heutzutage sind die USA eine Hochburg des Boxsports. Anfang der siebziger Jahre wurde dort das ,,Kick-Boxen'', ein Vollkontakt-Kampfsport, der mit Kopf-, Faust- und Fußschützern ausgetragen wird populär.

Südamerika

Bei den südamerikanischen Indianerstämmen findet man Kampfpraktiken, die kultischen Gebräuchen früherer Zeiten nachempfunden sind. In **Peru** werden anläßlich der Jünglingsweihe Scheingefechte mit Stöcken ausgetragen. In **Kolumbien** werden von den Quimbaya Kampfspiele mit dem Speer ausgetragen. Im Gebiet des Gran Chaco werden Ringkämpfe und Stockduelle durchgeführt, wobei an den Wettbewerben auch Frauen teilnehmen.
Im Urwald lebende Indianerstämme kennen auch den Gebrauch des Blasrohres. Mit dieser lautlosen Waffe wird bei der Jagd (z.B. auf Vögel) eine erstaunliche Treffgenauigkeit mit vergifteten Pfeilen auf Entfernungen bis etwa 30 m erzielt.

Bei den Botokuden, einem ostbrasilianischen Indianerstamm, dienen Stockkämpfe zur Entscheidung von Streitigkeiten. Dort kennt man auch eine Ringkampfart, bei der sich die Gegner in die Haare fassen.

Die Kaingang, die in den Urwäldern leben, veranstalten zwischen ihren Dörfern sogar Mannschafts-Stockkämpfe, bei denen es häufig ziemlich rauh zugeht. Im Andengebiet werden Mannschafts-Ringkämpfe ausgetragen.

Im nordöstlichen **Brasilien** entwickelte sich vor Jahrhunderten, zunächst in den Sklavenhäusern und später in Gegenden, wo sich entflohene Sklaven versteckten, die heutige Kampfkunst ,,Capoeira''. Die Wurzel dieser Kampfkunst liegt vermutlich in traditionellen afrikanischen Kriegstänzen und Ritualen, welche die Sklaven aus ihrer Heimat mitbrachten. Sie übten und verbesserten ihre Kampfpraktiken als Tanz getarnt, wobei Offensiv- und Defensivtechniken (von rhythmischer Musik begleitet) einander abwechselten. Waren Sklavenaufseher anwesend, wurden in der Muttersprache Lieder gesungen, geklatscht und getanzt. War man alleine, wurde Capoeira geübt.

Obwohl der Begriff ,,Capoeira'' bereits im Jahre 1597 in den Aufzeichnungen eines in Brasilien missionierenden Paters auftaucht, wurden die weißen Kolonialherren erst 1630 auf ihn aufmerksam. Während der Invasion der Holländer in Pernambuco flohen viele afrikanische Sklaven von den Plantagen ins Landesinnere und gründeten dort einen eigenen Staat. Sie nannten ihn ,,Quilombo dos Palmares''. Fast 40.000 Schwarze folgten dem Ruf nach Freiheit und konnten sich dort bis 1697 behaupten, bevor sie ihren Gegnern unterlagen.

Da die Sklaven nur wenige Waffen besaßen, war der Capoeira (der auch von den weißen Eroberern schnell respektiert wurde) für sie von großer Bedeutung. Immer wieder liest man in zeitgenössischen Aufzeichnungen von dieser waffenlosen Kampfart, die den Sklaven die Freiheit brachte und die Weißen besiegte. Vermutlich aber war der Capoeira für das Selbstwertgefühl der Sklaven wichtiger, als für die eigentliche Gegenwehr. In den zahlreichen Kämpfen zwischen den Kolonisatoren und geflohenen Sklaven gelangte ,,Zumbi'', einer der Könige des Quilombo dos Palmares, zu historischer Berühmtheit. Er galt als unbesiegbarer Meister des Capoeira, um den sich manche

Abb. 7 Capoeira

Legende rankte und der beim Untergang des Sklavenstaates zu Tode kam.
Nach der Zerstörung des Quilombos wurde der Capoeira (als Tanz getarnt) auf den Plantagen heimlich weitertrainiert und nach der 1888 erfolgten Abschaffung der Sklaverei insbesondere von der farbigen Bevölkerung Brasiliens betrieben.
Sein Ruf als Instrument des Widerstandes machte den Capoeira — wegen der weiterhin existierenden Rassendiskriminierung — verdächtig. Er wurde verboten. Erst ab 1937 konnte Capoeira wieder legal ausgeübt werden, da der damalige Präsident Vargas nach einer Vorführung des berühmten Capoeira Meisters Bimba, seine Bedeutung als Bestandteil der brasilianischen Kultur erkannte und das Verbot aufhob. So entstand aus der geheimen Kampfkunst der Sklaven ein geschichts- und symbolträchtiger brasilianischer „Breitensport''.
Fußtritte gehören beim Capoeira zu den am häufigsten angewendeten Techniken (Abb. 7), da die Sklaven meist an den Händen gefesselt waren. Daher sind Räder, Drehbewegungen, Beinscheren, Beinhebel und Fußfeger besonders beliebt. Auch Knie, Ellenbogen und Kopf werden beim Capoeira eingesetzt. Die Hände benutzt man hauptsächlich zur Abwehr von Fußangriffen (mit der offenen Hand) und zum Abdrücken vom Boden.

Fresken aus dem Shaolin-Kloster

Asien

Afghanistan

In diesem Land gibt es seit alters her diverse Kampfkunsttraditionen. Beim afghanischen Jackenringkampf, „Goschti Tschapan" sind Griffe und Würfe, jedoch keine Schläge erlaubt. Beim Stamm der Hazarats übt man noch heute das Stockfechten mit einem über 1 m langen und ca. 3 cm dicken Stock.

Burma

Die alte burmesische Kampfkunst „Thaing", die ursprünglich alle Kampfpraktiken einschloß, entwickelte sich in zwei Richtungen:
  1. **Waffenkampf (Banshay)**
     Fechten (Dakaou Che), Lanzenkampf (Tlantu Che), Messerkampf (Da Myau Che) und Stockkampf (Toud Che).
  2. **Waffenloser Kampf (Bando)**
     Ringen (Nagan Lo), Selbstverteidigung und das traditionelle, burmesische Boxen (Myama Yuga Louvi)

Beim Fechten wurden zwei kurze Schwerter oder ein Langschwert (etwas größer und schwerer als das japanische Katana) benutzt. Auch ein Stock diente als Waffe.
Die Ringkampftechniken basieren auf indischen und tibetanischen Vorläufern. Typisch für die burmesische Selbstverteidigung sind runde, kreisförmige Bewegungen, die mit Fuß- und Fausttechniken, Blocks, Würfen und Hebeln kombiniert werden. Es gibt auch Kampftechniken aus kniender Position.

In den Provinzen des Landes werden eigene Thaing-Stile gepflegt. Berühmt sind „Nan Twin" (Königspalaststil), „Neganadai" (Schlangenstil) oder „Byombya" (anderer Stil). Bekannt ist auch der „Schan-Stil", der vieles mit dem südchinesischen Kung Fu gemeinsam hat. In den Dörfern wird noch heute in traditioneller Weise auf festgestampfter Erde geübt.

„Graduierungen" werden beim Thaing auf die Körper der Übenden eintätowiert! Bei einigen Thaing-Stilen gibt es auch Vorführformen, deren Techniken mit fantasievollen Namen wie „Elefanten-Stoßzahnpaar" oder „Adler mit gespreizten Flügeln" bezeichnet sind. Das traditionelle, burmesische Boxen (das dem Thai-Boxen ähnelt) ist mehrere Jahrhunderte alt. In der Nagai Pagode aus dem 11. Jahrhundert sind zwei Boxer dargestellt, die bereits das später beim burmesischen Boxen übliche Hüfttuch (Longyi) tragen.

Beim Kampf werden neun Körperteile eingesetzt: Die Fäuste, die Knie, die Füße, die Ellenbogen und der Kopf. Das burmesische Boxen, bei dem Angriffe und Abwehren auf Distanz oder im Nahkampf ausgeführt werden, ist nach wie vor in Burma sehr populär.

China

Die chinesischen Kampfkünste haben eine mehrere tausend Jahre alte Geschichte. Schon zu Zeiten des legendären „Gelben Kaisers" (3. Jahrtausend v. Chr.) und später in der Yü-Dynastie sollen der Bevölkerung Kampf- und Bewegungsübungen zur Gesunderhaltung befohlen worden sein. Darstellungen auf Vasenfunden (um 1000 v. Chr.) zeigen bereits Faustkampftechniken.

Der indische Mönch Bodhidharma (Abb. 8) schuf der Legende nach um 520 v. Chr. im chinesischen Kloster Shaolin (Provinz Honan) die Urform verschiedener Kampfkünste. Er soll in einer Höhle oberhalb des Klosters neun Jahre lang vor einer Felswand sitzend meditiert haben. Von dieser Demonstration seiner Willenskraft beeindruckt, erkoren ihn die Shaolin-Mönche zu ihrem Lehrer.

Bodhidharma lehrte die Mönche körperliche Übungen zur physischen und psychischen Kräftigung und begründete das „Shaolin-Boxen". Er

Abb. 8   Der Shaolin-Abt „Bodhidharma"

hat diese Kampfkunst zwar nicht „erfunden", aber durch Kampfformen (der Kshatriya-Kriegerkaste) aus seiner Heimat bereichert. Er führte den Zen-Buddhismus in China ein und stellte die These auf, daß durch Kampfübungen eine harmonische Entwicklung von Körper und Geist anzustreben sei.

Die Shaolin-Mönche sollen hervorragende Kämpfer gewesen sein und waren gleichermaßen in der buddhistischen Lehre und den Kampfpraktiken bewandert. Sie unterstützten den Kaiser Tai Tsung beim Kampf gegen die Mongolen und erhielten dafür Privilegien und Einfluß am Hof.

Das Shaolin-Kloster gilt als „Wiege der asiatischen Kampfkünste". Es hat eine bewegte Geschichte (Brände, Überfälle und Zerstörungen) hinter sich und existiert noch heute. Im Steinfußboden der „Tausend-Buddha-Halle" finden sich Vertiefungen in Form von Fußabdrücken, die durch das ständige Kung Fu-Training der Mönchskrieger entstanden sein sollen. An den Wänden der „Baiyi-Halle" befinden sich Fresken, die Mönche beim Kampftraining (Faust-, Fuß-, Speer- und Schwertübungen) zeigen.

Aus den Urformen des Shaolin-Boxens entstanden im Laufe der Zeit hunderte unterschiedlicher Kampfsysteme und Kung Fu-Stile, die neben dem Selbstverteidigungsaspekt häufig religiöse und philosophische Inhalte haben. Noch immer trainieren im Shaolin-Kloster Mönche.

Heute bezeichnet man die Kampfkünste in China mit dem Oberbegriff ,,Wushu''. Man kennt Übungen mit bloßen Händen (Handschwert, Handspeer), Waffen-Übungen und Kampfszenen. Wushu läßt sich in drei Kategorien einteilen:

1. Gesundheitssysteme

   Sie sollen der Gesundheit förderlich sein und ein langes Leben schenken. Man bezeichnet sie auch als innere Systeme. Sie dienen u.a. der Meditation, wobei spezielle Atemübungen (Qigong) eingefügt wurden, ,,die den Körper mit Energie versorgen sollen''. Das bekannteste System dieser Art ist die Meditationsgymnastik bzw. Gesundheitslehre ,,Tai Chi Chuan''.

2. Opern-Systeme

   Diese akrobatischen Stile dienen künstlerischen Zwecken und Vorführungen. Sogar in der chinesischen Oper findet man solche Kampfszenen, die Armtechniken, artistische Sprünge und Tritte enthalten.

   Bei den Vorführungen werden auch diverse Waffen verwendet. Als Wushu-Waffen dienen Schwerter, Lanzen und Schilde sowie die Eisenpeitsche (Gieh Biau), der Seilpfeil (Shen Biau), der fliegende Komet (Lieu Shen) und die fliegende Kralle (Fei Chua).

   Man findet auch beidhändige Waffenvorführungen. An den Waffen befestigte Quasten oder lange Bänder aus Seide verdeutlichen die Bewegungsabläufe.

   Bekannt ist auch der ,,Löwentanz'', eine traditionelle Vorführung der Kung Fu-Schulen.

3. Kampfsysteme

   Sie dienen dem realistischen Kampf oder sportlichen Zwecken und werden als äußere Schulen bezeichnet, die den Übenden in den Zustand der Kampfbereitschaft versetzen sollen.

Man unterscheidet hunderte verschiedener Stilarten, wobei sich im Norden und Süden des Chinesischen Reiches unterschiedliche Strömungen herausbildeten (nördliches Shaolin, südliches Shaolin usw.). Charakteristisch für die nördlichen Kung Fu-Stile sind hohe Beintechniken, Sprünge und weite Bewegungen, während die südlichen Stile sich durch einen tiefen Stand sowie kurze, kraftvolle Arm- und Fausttechniken auszeichnen. Häufig wird Wushu mit Heilpraktik sowie Atem- und Konzentrationsübungen verbunden.

Typisch für die chinesischen Kampf- und Bewegungssysteme sind die klassischen Tierformen wie z. B. der Kranich-, Tiger-, Leoparden-, Drachen-, Schlangen- (eine Hand symbolisiert den Kopf einer Schlange), Affen- oder der Gottesanbeterinnen-Stil. Die Ausführung der Techniken soll die Bewegungen und Verhaltensweisen widerspiegeln, die diesen Tieren (gemäß Erkenntnissen aus der Naturbeobachtung) eigen sind:

Der „Gottesanbeterinnen-Stil" (Mantis Kung Fu) hat einen hohen Bekanntheitsgrad in vielen Teilen Chinas. Sein Begründer, Wong Long, beobachtete im 17. Jahrhundert, wie eine Gottesanbeterin mit einer Zikade kämpfte. Er reizte das Insekt mit einem Halm und beobachtete sein Verhalten. Die Haltung und die Kampfmethoden der Gottesanbeterin inspirierten ihn, ein Verteidigungssystem (mit kräftigen Schlägen) nach ihrem Vorbild zu schaffen.

Beim Affenstil „Houquam" symbolisiert der Affe List und Gewandtheit. Er springt locker mit gekrümmtem Rücken und gilt als Clown und unbesiegbarer Kämpfer. Die Ursprünge des Affenstils liegen weit zurück — in China verehrt man einen Affengott!

Der Legende nach hat ein Mönch den Kampf zwischen einer Schlange und einem Kranich beobachtet. Der Sieg der Schlange durch Ausweichen lehrte: Das Flexible siegt über das Harte!

Auch der weiße Kranich wurde zum Vorbild eines Selbstverteidigungssystems. Die wellenförmig kreisenden Bewegungen dieses Tieres ähneln dem Wechselspiel des Yin/Yang und ermöglichen es dem Schwächeren, sich einem Angriff zu entziehen und den Gegner leerlaufen zu lassen.

Der Kräuterhändler Hung Hee Gung begründete den südlichen Kung Fu-Stil „Hung Gar", der wiederum die Entwicklung des „Okinawate" beeinflußte.

Abb. 9 Chinesische Kriegerdarstellung

Der ,,Stil des betrunkenen Mannes'' (Zuiquan), der ständig hinfällt und trotzdem gezielte Schläge austeilt, soll zeigen, daß der Kopf die Bewegungen auch dann noch lenkt, wenn der Körper ausgeschaltet ist.
Die Nonne Ng Mui stellte wirkungsvolle Shaolin-Techniken zusammen. Ihre Schülerin Yim Wing Tsun (,,Schöner Frühling'') schuf daraus das

Selbstverteidigungssystem „Wing Chun". Hier wird zwischen langer Distanz (Fuß gegen Fuß), mittlerer Distanz (Hand gegen Hand) und kurzer Distanz (Ellenbogen gegen Ellenbogen, Knie gegen Knie) unterschieden. Es gibt Hebel, Würfe und Gegenwürfe sowie Waffentechniken. Ein Aspekt sind die „klebenden Hände" (Chi-Sao). Nach dem Boxer-Aufstand um 1900 wurde das chinesische Boxen verboten. Es wurde aber in Geheimbünden (wie dem „Weißen Lotus" oder der „Triade") im Untergrund weiter gelehrt. Aus solchen Kampfkünsten entwickelten sich im Laufe der Zeit Bewegungsaktivitäten für die breite Bevölkerung.

„Tai Chi", das bekannteste System dieser Art, ist besonders beliebt. Überall dort wo Chinesen beheimatet sind, sieht man morgens in Parks und Anlagen Tausende, die allein oder gruppenweise Tai Chi üben. Tai Chi (chin. = „höchste Erkenntnis") ist ein meditatives Bewegungssystem, das der Lebenshilfe dient. Tiefes, ruhiges Atmen und langsame Bewegungsabläufe, in zahlreichen Sequenzen ausgeführt, fördern Konzentration und Gesundheit. Tai Chi dient der inneren und äußeren Entspannung und der Rückbesinnung auf sich selbst. Weiche, sanfte Schritte und fließende Armbewegungen kennzeichnen dieses wettkampffreie System, bei dem der Bauch als Kraftzentrum gilt. Es soll den Ausübunden zu seelischem Gleichgewicht, innerer Ruhe und Wohlbefinden führen. Die Bewegungen bzw. Haltungen tragen so poetische Namen wie „der Kranich breitet seine Flügel aus" oder „die Nadel vom Meeresboden holen".

Weitere Kung Fu-Stile, die jeweils von Großmeistern (Sifu) gelehrt werden, sind z. B. „Hsing I", „Choy Lay Fut", „Pakua" und viele andere.

Indien

Der Nordwesten Indiens wurde in alter Zeit vom Hellenismus beeinflußt. Schon der griechische Philosoph Arrianos wußte von den Indern zu erzählen, daß sie ihre heiratsfähigen Töchter gerne mit Siegern im Ringen und Boxen vermählten. An der Decke einer Höhle in Ajanta finden sich Boxkampfszenen, die wahrscheinlich 200 v. Chr. entstanden

Abb. 10   Indisches Kalarippayat

sind. Alte indische Felszeichnungen zeigen auch Trittechniken. Das Stockfechten hat in Indien ebenfalls eine lange Tradition.

Die indische Ringer-Kunst ist, wie Vasenfunde belegen, etwa 1000 v. Chr. entstanden und wurde in den Helden-Epen des Mahabharata — es wird der tödliche Kampf zwischen dem Prinzen Bhima und dem König Jarasandha geschildert (400 v. Chr.), des Ramayana und um 750 im Purana beschrieben.

Ursprünglich durfte der ganze Körper des Gegners angegriffen werden. Es wurde solange gerungen, bis einer der Kämpfer (Gusti) kampfunfähig war oder aufgab. Später entschied ein Berühren des Bodens mit Schulter, Rücken oder Gesäß den Kampfausgang. Damals sollen auch Mannschaftskämpfe im Ringen stattgefunden haben. Die Kampfkünste der Berufsringer (Jethis) und der Kriegerkaste (Kshatriya) nannte man „Vajra-mushti" (Hart mit der Faust; Blitzschlag).

Noch heute ist Ringen in Indien sehr populär. Viele Dörfer haben eigene Ringerclubs, die „Akhadas", in denen die jungen Ringer auch wohnen. Die regelmäßig stattfindenden Wettkämpfe werden von einem Trommler, der die Arena aus festgetretenem Sand umkreist, angekündigt. Die Ringer sind barfuß und nur mit einem Lendentuch (Langhuti) bekleidet. Es wird im Stand und am Boden nach althergebrachten Regeln gerungen.

Die beste Vorübung für das Ringen ist, nach Meinung der Inder, das Klettern an einem stehenden Pfahl (Mallakhamb) oder am Seil. Dieses Training soll die Gelenkigkeit und den Griff verbessern.

Beim „Varrmannie", einer immer noch betriebenen Kampfkunst, gibt es eine Vielzahl von Angriffs- und Abwehrtechniken sowie Täuschungsmanövern. Aus Nordost-Indien stammt die Kampfkunst „Thangta".

Bei einer weiteren indischen Kampfkunst, die noch heute im Südwesten (Provinz Kerala) ausgeübt wird, handelt es sich um das „Kalarippayat" (Kalari = Übungsraum; Payat = Kampfkunst). Die Wurzeln dieser Kampfkunst gehen auf die Kriegskünste der alten indischen Nayar-Kriegerkaste (12.-14. Jahrh.) zurück. Kalarippayat zeichnet sich durch vielfältige Wurftechniken (Abb. 10), ausgeklügelte Hebel- und Haltegriffe sowie durch spektakuläre Sprungtechniken und eine gute Bein- und Fußarbeit aus. Verschiedene Körperstellungen und Körperdrehungen sollen auf Tierbeobachtungen zurückgehen.

Man übt barfuß, unter Anleitung eines „Gurukal". Als Kombination von verschiedenen Techniken und Stellungen werden auch kataähnliche Übungen, die „Meippayat" (Abb. 11), unterrichtet. Man unterscheidet drei Hauptstilrichtungen: Vadakkan, Madhya und Thekkan.

Kalarippayat wird als ein Weg betrachtet, den Körper gesund zu erhalten und den Geist zum Frieden zu führen; die Wirksamkeit der Techniken ist unbestritten. Es steht in Beziehung zum „Yoga" (Mobilisierung der Kräfte durch Meditation) und lehrt Techniken der Atemkontrolle (Prana).

Im 19. Jahrhundert wurde das Kalarippayat von den englischen Kolonialherren verboten. Die alten Kenntnisse wurden jedoch während der Besatzungszeit nicht vergessen und in den Dorfschulen weiter unterrichtet. Auch die indische Tanzkunst enthält Kampfelemente.

Abb. 11   Maippayat („indische Kata")

In einigen Regionen Indiens wird auch der Umgang mit diversen Waffen gelehrt:
— Kurzstock (Cheruvati) und ca. 1,60 m langer Stock
— ca. 2 m langes Bambusrohr (Kettukari)
— Dreikanthölzer (Muchan) und s-förmiger Stock (Otta)
— zweischneidiger Dolch (Kattara)
— Schwert und Schild (Vaal und Paricha)
— eine biegsame, schwertartige Waffe, die man wie einen Gürtel tragen kann (Urumi)
— Speer, Degen und Lanze.

Indonesien

Kampf- und Waffentechniken sind in Indonesien seit dem 7. Jahrhundert nachweisbar. Sie wurden fortentwickelt, im 16. Jahrhundert in ein geschlossenes System gebracht und Pencak Silat genannt. Diese „Indonesische Selbstverteidigung" ähnelt dem Kung Fu, obgleich die Techniken weitgehend eigenständig entstanden sind.
Pencak bedeutet „kunstvolle Körperbewegung"; Silat heißt „kämpfen". Daher wird der heutige Nationalsport Indonesiens „Kunstvolles Kämpfen" genannt. Man kennt Schlag- und Trittechniken, Würfe und Griffe. Die Kämpfer begegnen Angriffen hauptsächlich durch Ausweichen und bewegen sich „tänzerisch".
Auf den einzelnen Inseln Indonesiens gibt es unterschiedliche Stile, wie z.b.: Perpi Mataram, Bongkot Harimau, Poekoelan oder Setia Hati Terate.
Auf Borneo werden auch Gürtelringkämpfe und Ringkämpfe im Wasser ausgetragen. Auf Celebes gibt es eine Ringkampfart, bei der sich die Kämpfer mit den Beinen umschlingen. Auf Samoa finden Mannschaftsringkämpfe statt.

Um die verschiedenen Stile zusammenzufassen und ein einheitliches Wettkampfsystem zu schaffen, wurde 1947 der Zentralverband: Ikatan Pencak Silat Indonesia (ISPI) gegründet.
Pencak Silat ist trotz seiner tänzerischen Bewegungen ein realistisches, vielseitiges Verteidigungssystem, wenn die Techniken im Kampf mit der erforderlichen Härte und Schnelligkeit ausgeführt werden.
Beim Pencak Silat werden auch Waffentechniken gelehrt. Man benutzt Kurzschwert (Golok), Langschwert (Pedang), Messer (Pisau), Lanze und den malayischen Dolch (Kris).

Bei festlichen Anlässen werden (Einmann-)Bewegungsformen (Langka) mit und ohne Waffen vorgeführt, die durch ballettartige Ästhetik und eine Geräuschuntermalung mit Schlaginstrumenten faszinieren. Es gibt auch Vorführungen mit einem Partner, bei dem unterschiedliche Hieb- und Stichwaffen, Stöcke verschiedener Längen (Toyak) sowie Wurfmesser verwendet werden.

Abb. 12   Pencak Silat

Pencak Silat wird hauptsächlich in Indonesien, aber inzwischen auch in Europa betrieben. Es soll nicht nur der Körpererziehung, sondern auch der positiven Persönlichkeitsbildung dienen.
Die ,,Dajak-Krieger'' auf Borneo (ehemalige Kopfjäger) führen noch heute Kriegstänze in Form kataartiger Bewegungen aus, bei denen sie Schilde und Kurzschwerter benutzen. Früher waren ihre traditionellen Waffen die Machete (Mandau) und das Blasrohr.

Irak/Iran

Bereits vor 5000 Jahren gab es im Zweistromland (Mesopotamien), dem heutigen Irak, diverse Kampfkünste. Der ,,Babylonische Faustkampf'' war im Altertum ebenso berühmt, wie die assyrischen Bogenschützen.

Im ,,Gilgamesch-Epos'' (einem der ältesten schriftlichen Zeugnisse der Menschheit) wird von großen (Lang-)Schwerter, Köchern und dem ,,Anschan-Bogen'' (nach einer persischen Landschaft benannt) berichtet. Es wird ein Kampf zwischen Gilgamesch (dem König von Uruk) und Enkidu geschildert, ,,bei dem sie sich packten und nach Ringer Art in die Knie gingen''. Das Pergamon Museum in Berlin besitzt ein kleines Tonrelief mit dieser Szene.

In den Ruinen von Sumer fand man Votivtafeln mit Darstellungen von Faust- und Ringkämpfern, die ca. 3000 v. Chr. entstanden sind.

Im Tempel Chafadji wurde eine etwa 2600 v. Chr. entstandene Bronzefigur ausgegraben, die zwei nackte Athleten beim Gürtelringkampf zeigt. Aus dieser Zeit sind auch assyrische Aufzeichnungen über das Ringkampftraining bekannt, aus denen hervorgeht, daß es bereits ein Regelwerk gab und der Ringkampf systematisch betrieben wurde.

Bei den Ausgrabungen von Shunnak wurde ein kleines, um etwa 2000 v. Chr. entstandenes Tonrelief gefunden, das einen Kampf zweier bärtiger Boxer zeigt. Beide stellen einen Fuß vor und winkeln den anderen Arm an (Abb. 13). Ihre Fäuste scheinen mit einem Riemengeflecht bandagiert gewesen zu sein. Ihre Oberkörper waren nackt, um die Hüften hatten sie ein Tuch geschlungen.

In einem Gedicht von Mir Abdul Al Najat wird ein junger Ringer besungen. Man erfährt die Namen der damals verwendeten Griffe und erhält (noch heute aktuelle) Ratschläge, wie Ringergriffe anzusetzen oder abzuwehren sind.

In einer heiligen Schrift des Islam wird berichtet, daß Ali Ebne Abi Taleb (ein Neffe des Propheten) bei der Verteidigung Medinas zweimal gegen Am Robne Ab Dowad ringt und ihn schließlich tötet.

In einem Lehrwerk aus dem Jahre 1875 (die Abschrift eines älteren Werkes) finden sich Abbildungen, die Boxtechniken und verschiedene

Abb. 13   Babylonische Boxer

Ringergriffe im Stand und Boden zeigen. Es werden Fußtechniken, Hebel, Beinscheren, Ausheber und Nackengriffe gezeigt, die man immer noch beim Ringen und in der Selbstverteidigung verwendet. Das Ringen ist im Iran bis in unsere Zeit populär geblieben. Besonders in ländlichen Gebieten finden häufig Ringkampfveranstaltungen statt, bei denen die Kämpfer mit nacktem, nicht eingeöltem Oberkörper auftreten.

Persische Reiter waren Meister im Umgang mit Pfeil und Bogen und dem Schwert. Noch heute ist man stolz auf die Heldentaten der alten Kämpfer und schätzt ,,futuwwa'' und ,,muruwwa'', die arabische Ritterehre, die gebietet, sich großmütig gegenüber dem Gegner zu verhalten.

Japan

Japan besitzt eine besonders kriegerische Vergangenheit. Weil früher ein relativ hoher Prozentsatz der Bevölkerung der Kriegerkaste angehörte, entstand eine Vielzahl unterschiedlicher Kampfpraktiken. In Japans ältestem Geschichtswerk, dem „Kojiki" (Chronik aus dem 8. Jh.), wird berichtet, daß die Götter Sumo-Kämpfe bestritten, um das Land Izumo zu beherrschen. In der ersten Reichsgeschichte „Nihongi" (um 720 entstanden) steht die Sage vom Kampf zwischen Nomi-no-Sukune, der das Gute darstellt und Keehaya, der das Böse personifiziert. Von diesem Sumo-Kampf, der zu Zeiten des Kaisers Suinin (um Christi Geburt) stattgefunden haben soll, wird noch heute in japanischen Schulbüchern berichtet. Der Sieger Nomi-no-Sukune ist der Schutzpatron der Sumotori.

Historisch nachweisbare Sumo-Kämpfe fanden am Hof des Kaisers Temmu (672-686) statt. Als Vorläufer des Sumo gilt die alte Kampfkunst „Sumai", die unter Einbeziehung von Tritten und Schlägen ausgeübt wurde. Zur Zeit des Kaisers Shomu (724-749) gehörte ein jährliches Sumo-Turnier bereits zum festen Bestandteil der Hofzeremonien.

Kaiser Nimmyo erklärte um 840, daß Sumo die militärische Stärke der Nation widerspiegele und nicht nur „sportlichen" Zwecken diene. Er ermunterte Ringer aus dem ganzen Land zusammenzukommen und an den offiziellen Turnieren teilzunehmen. Das Turnier im Bogenschießen im Januar, das Turnier der berittenen Bogenschützen im Mai sowie das Sumo-Turnier im Juli waren wichtige Ereignisse am kaiserlichen Hof. Sumo wurde damals auch in voller Rüstung (Kumiuchi = Rüstungsringen) ausgetragen. Gegen Ende des 12. Jahrhunderts wurden die jährlichen Turniere wieder abgeschafft.

1623 erbat und erhielt A. Shiganosuke von der japanischen Regierung die Erlaubnis, in Tokyo öffentliche Sumo-Turniere (Basho) mit Berufssumokämpfern auszurichten. Später erhielten auch die Priester des Kufokuji in Yamashiro die Erlaubnis, Basho auszurichten, um damit den Bau eines Tempels zu finanzieren. So gab es während der Genroku-Zeit (1688-1704) bereits mehrere unabhängige „Sumo-Verbände", die Turniere veranstalteten.

Abb. 14　Sumo im 19. Jahrhundert (Hokusai)

Im Mittelalter spielte in Japan die Kriegerkaste der „Samurai" eine besondere Rolle. Die Samurai wurden an den Höfen der Feudalherren in Waffentechnik und Kampfkünsten ausgebildet und hüteten deren Geheimnisse. Sie hatten einen strengen Ehrenkodex (Bushido = Weg des Kriegers) zu beachten und waren zur absoluten Treue gegenüber ihren Lehnsherren verpflichtet.

Sie trugen eine Rüstung, die aus einem Harnisch (Uchi dachi), Helm mit Maske (Kabuto), Schulter- und Hüftschutz sowie Arm- und Beinschienen bestand und wurden auch in Malerei, Kalligraphie, Dichtkunst und der Teezeremonie ausgebildet. Einer der berühmtesten Krieger war der Samurai Musashi (1584 - 1643).

Ihre Lehrer waren ältere, kampferprobte Meister, die sich auf bestimmte Kriegskünste spezialisiert hatten. Die Zen-Lehre half ihnen die nötige Gleichmut im Kampf zu erwerben und die Todesfurcht zu überwinden, denn einen Samurai trennten bei jedem Gefecht nur Zentimeter vom

Tod. Zen stellt dem Planen und Vordenken die Intuition und spontanes, nicht auf etwas bestimmtes fixiertes Handeln gegenüber.
Die Samurai hatten im feudalen Japan besondere Privilegien, so unter anderem das Recht der „Schwerttestung", was bedeutete, sie konnten auf der Stelle jemanden enthaupten, der sich nach ihrer Meinung als nicht genügend ehrerbietig erwiesen hatte. Andererseits wurden sie auch zu großer Höflichkeit und Duldsamkeit erzogen.

Daß ihre Ideale nicht nur blutrünstiger Natur waren, lehrt die Geschichte von dem alten Samurai, der unter drei Söhnen seinen Nachfolger auswählen wollte: Er legte ein Kissen über die Tür des Raumes in dem er sich befand und bat seinen ersten Sohn zu sich. Als dieser den Raum betrat, fiel das Kissen herunter, worauf der Sohn blitzschnell sein Schwert zog und das am Boden liegende Kissen zerteilte.
Als sein zweiter Sohn den Raum betrat, fing dieser ein auf die Tür gelegtes Kissen im Fallen mit der Hand auf.
Sein jüngster Sohn bemerkte bei dem gleichen Test das Kissen sofort, nahm es von der Tür und überreichte es dem Vater, der entschied, daß er sein Nachfolger werden solle.

Wollte ein Krieger zur Zeit der Feudalherrschaft in Japan überleben, mußte er die Kunst des Schwertfechtens meisterlich beherrschen. Aus verschiedenen Schulen dieser alten Kriegskunst entwickelte sich „Kendo, der Weg des Schwertes" — eine moderne Sportart zur Schulung von Geist und Körper.
Als Sonderform des japanischen Fechtens entstand „Iai", die Kunst des blitzschnellen Schwertziehens und Führen des ersten Schlages.
Auch bei den waffenlosen Kampfkünsten gab es viele unterschiedliche Stilrichtungen („Ryu"), die meist nur innerhalb begrenzter Personenkreise gelehrt und weiterentwickelt wurden. Diese Schulen hatten unterschiedliche Namen, wie Shinto-ryu, Yawara oder Jiu-Jitsu. Der Ursprung der waffenlosen Kampfkunst reicht in Japan bis in die Mythologie hinein, denn die Götter Kashima und Kadori sollen sie bereits angewandt haben, um widerspenstige Bewohner einer Provinz zu unterwerfen.
Eine Entstehungsversion der Kampfkunst Jiu-Jitsu (aus der sich später Judo entwickelte) besagt, daß sie dadurch entstanden sein soll, daß der

Abb. 15   Alte japanische Kampfszene

Chinese Tsin Gembin um 1650 an der Küste von Hokaido japanischen
Samurai in die Hände fiel. Von ihm erlernten sie eine zuvor in China
streng geheim gehaltene Selbstverteidigungsmethode.
Eine andere Entstehungsversion des Jiu-Jitsu geht auf den Japaner
Yoshitoki aus Nagasaki zurück, der an einem Wintertag beobachtet
haben soll, wie der Schnee von den Zweigen einer Weide durch deren

Biegsamkeit immer wieder abgeworfen wurde, während die Äste anderer, scheinbar viel stärkerer (aber starrer) Bäume brachen. Dadurch soll er angeregt worden sein, ein Verteidigungssystem zu schaffen, bei dem der Angegriffene durch Nachgeben den Sieg erzielt (Weidenherz-Schule).

Vermutlich jedoch sind Jiu-Jitsu, Karate oder ähnliche Verteidigungssysteme nicht die ,,Erfindung'' von Einzelpersonen. Ihre Entstehung ist in den Lebensumständen der jeweiligen Zeit, der Mentalität der japanischen Bevölkerung und der Notwendigkeit, Angriffe zu überleben, zu suchen.

Das japanische Schwert (Katana), die ,,Seele der Samurai'' gilt als Symbol der Macht über andere und sich selbst. Die Klingen japanischer Schwerter sind ein Spitzenprodukt der Schwertschmiedekunst. Sie wurden in einem aufwendigen, langwierigen Verfahren hergestellt. Ihr Produktionsprozeß blieb lange Zeit geheim. Die Schmiedearbeit wurde nur unter geeigneten klimatischen Bedingungen (genügend kaltes Wasser zum Abschrecken) nach traditionellen Methoden ausgeführt.

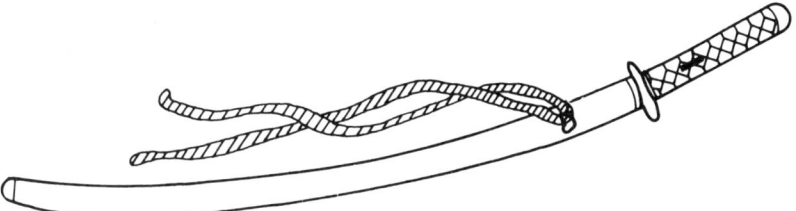

Abb. 16   Katana, das japanische Schwert

Dennoch war das Schwertschmieden kein ,,mystischer Vorgang'', sondern ausgeklügelte Handwerkskunst. Dunkle Räume waren erforderlich, um die Färbung des glühenden Eisens zu erkennen. Weiße Kleidung diente (wie noch heute in Reinräumen) der Vermeidung von Verunreinigungen. Das ,,Murmeln magischer Verse'' wurde zur Zeitmessung beim Härtevorgang benutzt. Viele der alten Schmiedemeister (wie Masamune oder Muramasa) werden noch heute in Japan verehrt.

Eine andere alte japanische Kriegswaffe ist die „Naginata". Der Vorläufer der Naginata war ein Schwert mit einer besonders langen Klinge (Hoko). Die Kriegserfahrung lehrte, daß man Reiter leichter aus dem Sattel stoßen konnte, wenn man diese Hoko-Klinge mit einem langen Stiel versah. Aus dieser Idee entstand die eigenständige Naginata-Waffenkunst, auf deren Training auch Samurai einen Teil ihrer Zeit verwendeten, obgleich die Naginata später vor allem von Frauen benutzt wurde.

Pfeil und Bogen (neben dem Speer die älteste Waffe der Menschheit) findet man schon früh in Japan. Die Japaner schufen einen einzigartigen asymmetrischen Bogen, der eine spezielle Schießtechnik erfordert. Mit diesem Bogen konnte ein geübter Schütze sehr schnell schießen und erzielte eine hohe Durchschlagskraft, die es ermöglichte, die Rüstung des Feindes zu durchbohren.

Kyudo, das japanische Bogenschießen, ist eine alte Kriegskunst, die nichts Mystisches oder Übersinnliches beinhaltet. Zwar benutzte man in der Feudalzeit auch hier die Zen-Lehre, um die innere Einstellung des Schützen zu optimieren, die eigentliche Schießtechnik aber, hat damit direkt nichts zu tun.

In Japan gibt es mehrere Lehrrichtungen. Die Heki-Schule ist heute eine der bedeutenden Bogenschießschulen, bei der unter Anleitung des „Sensei" (ehrwürdiger Meister) friedlich auf ein 60 m entferntes Ziel (Enteki Mato) geschossen wird.

Eine kleine Elite japanischer Bogenschützen betreibt noch immer „Yabusame", das Bogenschießen zu Pferde in vollem Galopp. Diese Sonderschießform gelangte im 12. Jahrhundert durch kaiserliches Dekret (als Wettbewerb der Hofbeamten und kaiserlichen Truppen) zur Blüte und wurde durch den Shogun Minamoto Yoritomo besonders gefördert. Noch heute werden am 15. September am Hachiman-Schrein in Kamakura Yabusame-Wettkämpfe zu Ehren des Kriegsgottes ausgetragen. Die Schützen tragen alte Jagdkostüme und galoppieren freihändig einen 256 m langen Sandweg entlang.

Dabei sind drei etwa 30 cm große Holz-Zielscheiben mit je einem Pfeil so zu treffen, daß sie zerplatzen. Die Ziele befinden sich 2 m über dem Boden, 3 m vom Parcours entfernt und sind nach 37 m, 115 m und nach 188 m aufgestellt. Yabusame ist in Japan sehr populär! Die Reiter in

Abb. 17 Naginata

historischer Kleidung, das Galoppieren der Pferde und das Sausen der Pfeile wirken wie eine Vision aus alter Zeit.
Ein ursprünglich von buddhistischen Mönchen als Schmuckstück getragener Kultgegenstand entwickelte sich zu einer kleinen, aber gefürchteten Wurfwaffe, dem ,,Shaken". Er wurde zunächst aus besonderen Muscheln gefertigt, später aber auch aus anderen Materialien hergestellt und mit einer unterschiedlichen Anzahl von Spitzen versehen.
Diese Wurfsterne, sowie Pfeilspitzen oder Nadeln (Bo-Shuriken) dienten als handliche Waffen, die es ermöglichten, einen Angriff aus einer gewissen Entfernung durchzuführen. Shuriken kamen auch als Reiß-, Hieb- oder Stichwaffen zum Einsatz und werden noch heute zu sportlichen Wurfwettbewerben benutzt.
Vor allem die Familienclans der ,,Ninja" (Schattenkrieger), die sich als Attentäter, Spione oder Kundschafter betätigten, bedienten sich dieser leicht zu verbergenden, lautlosen Waffe, wobei sie die Wurfsterne häufig mit Gift präparierten. Ursprünglich waren die Ninja Einsiedler, die sich in die Berge zurückgezogen hatten. Sie beherrschten diverse Überlebenstechniken und kleideten sich schwarz, um ihre Gegner abzuschrecken. Ihre Kriegslisten waren im Mittelalter bei manchen Fürsten gefragt, wenn es galt, unliebsame Gegner auszuschalten.

Mönche und Priester verwendeten auf Reisen ihren mitgeführten Stock (Bo) als Waffe und perfektionierten den Umgang damit zum ,,Bojitsu''.

Von der Insel Okinawa (einem geographischen und kulturellen Bindeglied zwischen Japan und China) wurden mehrere Kampfkünste importiert. Auf diesem Weg kam z.B. Karate nach Japan.

In Japan hört man auch die Bezeichnung ,,Karate-do''. Das heißt, Karate gehört zu den ,,Do's'', ,,den Wegen, die man im Leben beschreiten soll''. Sie waren und sind ein traditionelles Erziehungsmittel in Japan, wobei ihnen nicht nur Kriegskünste zugeordnet werden, sondern z.B. auch die Kunst, Blumen zu ordnen (Ikebana) oder die Teezeremonie (Cha-Do). Auch ,,Bushido'' (Weg des Ritters), der strenge, mit hohem moralischen Anspruch verbundene Ehrenkodex der Samurai, beeinflußte die Budo-Sportarten.

Okinawa war mehrfach besetzt, wobei den Einwohnern zeitweise jeglicher Waffenbesitz untersagt wurde. Als Folge davon übte sich die Bevölkerung in Verteidigungspraktiken mit dafür geeigneten landwirtschaftlichen Gebrauchsgegenständen. So entstanden die ,,Bauernwaffen'': Sai (Gabel), Nunchaku (Dreschflegel), Tonfa und Kama, die zum Selbstschutz gegen die Waffen der Krieger (Schwert, Bogen und Lanze) eingesetzt wurden.

Auch in neuerer Zeit entstanden in Japan Budoarten, wie z.B. Judo und Aikido. Nach dem 1948 von den Alliierten verfügten Kampfsportverbot hat sich Judo inzwischen weltweit verbreitet. Beim wettkampffreien Aikido versuchen die Übenden geistige Kräfte zu mobilisieren und die Harmonie zwischen Körper und Geist zu finden.

Doshin So importierte die chinesische Boxkunst ,,Chuan Fa'' nach Japan und gründete die Nippon Shorinji Kempo Organisation. Diese Kampfkunst beinhaltet Blocks, Würfe, Hebel und Haltetechniken.

Kambodscha

In diesem ostasiatischen Land ist die Kampfkunst ,,Bando'' aus alter Zeit überliefert. Noch heute ist eine dem Thai-Boxen ähnliche Kampfkunst in Kambodscha populär.

Korea

Eines der ältesten Dokumente über die Kampfkünste in Korea ist das Buch ,,Muaie Dobo Tongdji'' aus der Zeit der Yi Dynastie. Aus dieser Epoche stammen auch Texte, die von den ,,Soo Bak Do'' Turnieren berichten, deren Kampfregeln jedoch nicht überliefert sind.
Interessant sind auch die Schriften über den Ritterorden ,,Hwa Rang''. Der buddhistische Mönch Won Kwang Bop Sa soll vor etwa 2000 Jahren die Selbstverteidigungskunst ,,Hwarang-Do'' entwickelt haben. Zu dieser Zeit war die koreanische Halbinsel in drei Königreiche geteilt, die häufig gegeneinander Krieg führten. Der Sylla-König Ching Hung ließ die Mitglieder der königlichen Familie und den Adel von Won Kwang Bop Sa unterrichten. Sie wurden im Schwertkampf, Bogenschießen und Messerkampf ausgebildet und zeichneten sich durch besondere Tapferkeit aus. Die Kämpfer wurden ,,Hwarang'' genannt, was übersetzt ,,Blühende (weiße) Ritter'' bedeutet.
Die Kriegskunst der Hwarang-Krieger trug dazu bei, daß das kleinste der drei Königreiche (Sylla) seine Selbständigkeit bewahrte und später (während der Koguryo-Dynastie) Korea unter seiner Führung wiedervereinte.
In dieser Zeit wuchs der Einfluß des Hwarang-Ritterordens. Ein Ehrenkodex (Hwarang-do Meng-sae) verpflichtete die Ritter zu Gerechtigkeit, Tugend, Loyalität und Mut und schrieb vor, Körper und Geist harmonisch zu entwickeln. Außer Kampftechniken (Hwarang-Do) erlernten die Ritter auch Akupunktur, Hypnose und Heilkunst-Praktiken.
Beim Hwarang-Do wird (ebenso wie beim Taekwondo und Hapkido) das Prinzip der Atemkontrolle ,,Kiapsul'' und die Beherrschung der inneren Kraft ,,Ki'' gelehrt. Außerdem wird eine kataähnliche Übung unterrichtet, die wesentlich länger ist, als die gleichnamige Form im Taekwondo.
Im Hwarang-Do wird auch eine ,,Schwertkür'' geübt und gelehrt, wie man bestimmte Gegenstände blitzschnell in wirksame Waffen verwandelt. Die Tugenden der Hwarang-Kämpfer blieben bei einigen Anhängern der Kampfsportarten bis heute lebendig.
In Korea gab es auch die ,,Schwarzen Ritter'' (Sulsa), die für Spionage und Attentate eingesetzt wurden. Diese speziell ausgebildeten Kämp-

Abb. 18   Taekwondoin

fer beherrschten nicht nur viele Waffentechniken, sondern waren auch
Meister der Tarnung (Shin Bop Sulsa) und „Überlebenskünstler".
Aus den von den Adelsfamilien ursprünglich geheim gehaltenen
Kriegskünsten entwickelte sich später „Hapkido", ein koreanischer
Selbstverteidigungssport. Hap-Ki-Do bedeutet: „Die Lehrmethode
oder der Lebensweg (Do) durch die geistige Kraft (Ki), Körper und Geist
in harmonischen Einklang (Hap) zu bringen".
Hap-Ki-Do zeichnet sich durch wirksame Fuß- und Handtechniken in
Verbindung mit Kreis- und Drehbewegungen aus, wobei ein Angriff
immer möglichst human abgewehrt werden soll. Man lehrt beim Hap-
Ki-Do auch Waffentechniken und spezielle Atemübungen.

Zwischen Tae-Kwon-Do, der bekanntesten koreanischen Kampfsportart und Hap-Ki-Do besteht eine enge Verwandtschaft. Das Ziel beider ist nicht allein der Sieg im Kampf, sondern eine Vervollkommnung körperlicher und geistiger Eigenschaften. Erst das Zusammenwirken von Körper und Geist macht es dem Schwächeren möglich, einem Gegner gelassen gegenüberzustehen und zu siegen.

Taekwondo ist eine in Korea entstandene Kampfsportart. Obwohl auf den ersten Blick dem Karate ähnlich, handelt es sich um die Weiterentwicklung der alten koreanischen Kampfkunst ,,Tae Kyon'', die vor allem Fußtechniken pflegte, wobei der Einfluß chinesischer Kampfkünste, insbesondere auf die Fausttechniken (Kwon), unbestritten ist.

Die traditionelle koreanische Kunst der Schwertführung ,,Kum-Do'' (Kum = Schwert; Do = Lehrmethode/Weg) entstand aus der zeremoniellen, religiösen Tanzkunst ,,Ke-Ak Bong'', die später ,,Bong Hee'' genannt wurde. Die Tänze wurden ursprünglich mit Stöcken und Holzschwertern und später mit scharfen Klingen ausgeführt. Die ,,Hwarang'' entwickelten unter ihrer Königin Jin Heung ,,Kum-Sul'', den Vorläufer des heutigen ,,Kum-Do''. Bis zum vorigen Jahrhundert blieb Kum-Sul ausschließlich dem Adel vorbehalten. Ein königliches Dekret verfügte dann aber, daß auch Regierungsbeamte in der Kunst des Kum-Do unterwiesen werden sollten. Nach der 1910 erfolgten japanischen Besetzung wurden die koreanischen Schwerttechniken auch vom japanischen ,,Kendo'' beeinflußt.

Beim Kum-Do werden auch kataähnliche Übungen (die Schwert-Form ,,Kroom'') unterrichtet. Vor dem Erlernen des Kum-Do, so wird heute empfohlen, sollte man ein gewisses Ausbildungsniveau im Tae-Kwon-Do oder Hap-Ki-Do erreicht haben.

Laos

In Laos wird ein dem Thai-Boxen ähnlicher Kampfsport betrieben. Früher gehörten Boxkämpfe vor brennenden Scheiterhaufen zum Totenkult.

Mongolei

Berittene Nomadenvölker aus der Mongolei waren in alten Zeiten gefürchtet. Sie waren Meister im Bogenschießen, das sie auch zu Pferde (freihändig reitend) beherrschten und konnten geschickt mit dem Säbel umgehen. In der Mongolei kennt man „drei Spiele des Mannes": Reiten, Ringen und Bogenschießen. Die Ringkämpfer messen beim traditionellen Nadam-Fest ihre Kräfte. Die Sieger erhalten Sachpreise wie Messer, Sättel, Stiefel oder Vieh. Die Regeln schreiben vor, daß ein Kämpfer neun andere Ringer besiegen muß, um den begehrten Titel „Darhan" (unbezwingbarer Ringer) zu erhalten.

Okinawa

Die Ryu-Kyu Inseln sind seit altersher ein geographisches und kulturelles Bindeglied zwischen China und Japan. Um 1500 wurde den Bewohnern Okinawas erstmals (bei Todesstrafe!) verboten, Waffen zu tragen oder zu benutzen. Aus diesem Grund entwickelte das Inselvolk die Kampfkunst „Okinawa-te" (Okinawa-Hände). Okinawa-te basiert auf aus China importierten Kampfkünsten und alten Kampfpraktiken der Inselbewohner mit und ohne Waffen („Tode").

Als später die Japaner Okinawa besetzten und erneut jeglichen Waffenbesitz verboten, zweckentfremdeten die Bauern auf der Insel ihre Feldwerkzeuge, um sich vor Plünderung und Willkür zu schützen. Sie benutzten den Dreschflegel (Nunchaku), die Heugabel (Sai) oder die Sichel (Kama) zur Verteidigung. Die Inselbewohner entwickelten „rituelle Bewegungen" (Meikata) zur getarnten Übung ihrer Kampftechniken und perfektionierten den diesbezüglichen Umgang mit ihren Ackergeräten. Diese „Kobudo-Waffen" waren bei Bedarf schnell zur Hand und konnten, ohne daß die Besatzer Argwohn schöpften, mitgeführt werden.
König Sakugawa von Okinawa kombinierte um 1800 die Kampftechniken der Bauern und das aus China stammende „Shaolin-Ch'uan".

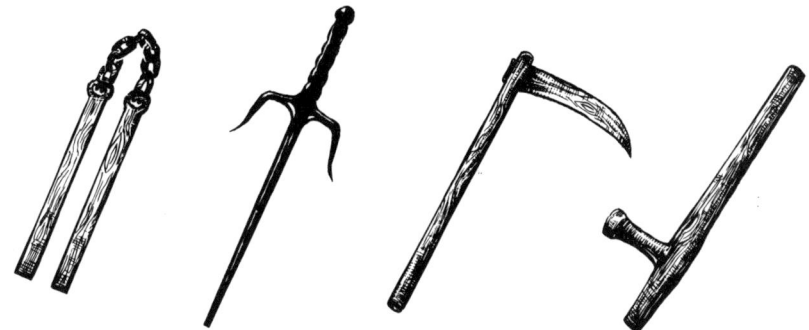

Abb. 19   Kobudowaffen

Ein Schüler Sakugawas, Sokon Matsumura, reiste mehrmals nach China und studierte dort die Shaolin-Techniken. Er begründete das „Shuri-Te", die 1. Schule des Okinawa-te und bildete viele Kämpfer aus. Sein Schüler Y. Itosu vereinfachte die Bewegungen und schuf die noch heute beim Karate gebräuchliche „Pinan-Kata" (Pinan jap. = „friedlicher Gedanke"). Die Kampftechniken wurden zum „Tomari-Te", der 2. Schule des Okinawa-te weiterentwickelt.

Kanryo Higashionna, ein weiterer Schüler Matsumuras, studierte um 1900 in der südchinesischen Provinz Fukien bei mehreren chinesischen Meistern. Nach seiner Rückkehr kombinierte er die auf den Ryu-Kyu-Inseln bekannten Kampfkünste mit den erlernten chinesischen Techniken und schuf das „Naha-Te", die 3. Schule des Okinawa-te, die verbesserte Kampftechniken (Shorin-Ryu), Formen und das Makiwara-Training lehrte.

Aus den Kampfkünsten Okinawas entwickelten sich das japanische „Kara-te", wobei die Schriftzeichen ursprünglich „China-Hand" bedeuteten. Später galt dann die japanische Deutung der Schriftzeichen Kara-te = „leere Hand".

Gichin Funakoshi (1869 - 1957), der Begründer des Shotokan-Karate, brachte diese Kampfkunst nach Japan. Er entwickelte aus der alten Form „Seishan" die heutige Karate-Kata „Hangetsu".

Auch Chojun Miyagi, der Begründer des Goju-Ryu-Karate (er hatte in China „Pakua" studiert), stammt aus Okinawa.

Philippinen

Auf den zahlreichen Inseln der Philippinen waren besonders Pfeil und Bogen, Dolch und Schwert sowie Techniken des unbewaffneten Nahkampfes gebräuchlich. Da in alter Zeit nicht jedermann Stahl zur Anfertigung von Waffen zur Verfügung stand, spezialisierten sich die Filipinos auf den Stock aus Rattan, eine überall verfügbare Waffe. Aus einfachem Zuschlagen entwickelte sich eine Kampfkunst, die nach und nach immer weiter verbessert wurde.

Im 16. Jahrhundert erfuhren die Europäer zum ersten Mal von dieser philippinischen Stockkampfkunst: Im April 1521 wurde der spanische Seefahrer F. Magellan und fast alle seine ‚‚Conquistadores'' auf der philippinischen Insel Cebu von einer Gruppe Inselbewohner unter Häuptling Lapu Lapu mit Stöcken erschlagen.

Die Filipinos waren aber auch von den spanischen Kampfmethoden mit Schwert und Dolch (Espaga y Daga) beeindruckt und kombinierten diese mit ihren althergebrachten Techniken. So entstand eine ‚‚neue'' philippinische Kampfkunst mit schnellen und noch wirksameren Techniken.

Die für diese Kampfkunst auf der Insel Luzon gebräuchliche Bezeichnung: ‚‚Arnis'' stammt vom spanischen Wort ‚‚arnes'' = Schutz, Rüstung (deutsch: Harnisch!). Sie wird auch mit den Begriffen Escrima oder Kali bezeichnet.

Im 18. Jahrhundert verboten die spanischen Kolonialherren das Lehren und Betreiben von Arnis · Escrima · Kali, das so zu einer im Verborgenen praktizierten Geheimkunst wurde.

Während der spanischen Besatzungszeit schufen die Filipinos einen ‚‚Eingeborenentanz'', der eine getarnte Version des Arnis · Escrima · Kali war.

Klassisches Arnis schließt den Waffenkampf (Stock, Messer, Machete) ebenso ein, wie waffenlose Techniken und die Benutzung diverser Gegenstände zur Verteidigung oder zur Entwaffnung des Gegners. Klassische Arnis-Stile sind: Hirada, Abanico und Espada y Daga.

Abb. 20   Thai-Boxen am Hof

Thailand

Zur Zeit der Völkerwanderungen aus dem südlichen China in das
Gebiet, das heute von den Thais bewohnt wird, waren alle Kriegskünste miteinander verflochten. Diese kombinierte Kampfkunst wurde
damals „Maya" (= Kriegskunst) genannt. Sie schloß das Fechten mit
zwei Schwertern („Fan dab"), den Speerkampf sowie Kampftechniken
mit bloßen Händen ein.
In der Geschichte Thailands haben sich viele tapfere und gewandte
Krieger ausgezeichnet. Der berühmteste war der „Schwarze Prinz",

der spätere König „Naresuan der Große". Er soll im Jahre 1592 im Laufe einer Schlacht gegen ein weit überlegenes burmesisches Heer den gegnerischen Thronfolger zum Zweikampf herausgefordert haben. Der Legende nach tötete er ihn durch einen einzigen Schwerthieb. Nachdem die burmesischen Krieger ihren Anführer verloren hatten, wichen sie zurück und die damalige Residenz von Thailand, Ayutthaya, wurde gerettet.

In Ermangelung von Waffen entwickelten die thailändischen Bauern (ähnlich wie auf Okinawa) Kampftechniken mit landwirtschaftlichen Arbeitsgeräten, die sie „Krabi Krabong" nannten. Insbesondere der Stockkampf wurde gepflegt.

Die meisten klassischen thailändischen Kampfkünste wurde in der Kampfkunst „Chai Yut" (= der Weg zum Sieg) zusammengefaßt. Gemäß buddhistischer Tradition lehrte man neben Kampftechniken auch Atem- und Meditationsübungen.

Thailändische Krieger wurden in zwei Hauptdisziplinen ausgebildet:

1. Im waffenlosen Kampf mit zahlreichen Fuß-, Arm- und Fausttechniken sowie Würfen und Gelenkhebeln, wobei besonderer Wert auf das Treffen vitaler Punkte gelegt wurde.

2. Im Waffenkampf, bei dem das Fechten mit zwei kurzen Schwertern, der Krabi Krabong-Kampf und die Stockkampfkunst besonders gepflegt wurden.

Dank der heutigen Popularität alter Kampfpraktiken, scheint die klassische Chai Yut-Kampfkunst wieder zu neuer Blüte zu gelangen.

Das Boxen (Muai-Thai) ist eine über 1000 Jahre alte Kampfkunst in Thailand, bei der Fuß-, Hand- und Armtechniken angewendet werden. Ähnliche Kampfkünste werden auch in Kambodscha, Burma und Laos betrieben.

Früher trugen die Thai-Boxer über den Händen nur Hanf- oder Baumwollbandagen. Ihr Tiefschutz wurde damals aus einer Kokosnußschale gefertigt. Erlaubt waren fast alle Kampftechniken.

Zum Training gehörte das Schlagen und Boxen gegen Palmenstämme, Langstreckenlaufen, Übungen im Wasser usw.

Nach dem zweiten Weltkrieg wandelte sich das Thai-Boxen zu einer sehr publikumswirksamen Sportart und erfuhr einige Änderungen. Die Kämpfer treten zwar nach wie vor barfuß an, tragen aber jetzt Boxhandschuhe. Neben Fausttechniken (wie beim europäischen Boxen) sind Ellenbogen- und Kniestöße sowie alle Fußtritte erlaubt. Der Gegner darf auch zu Boden geworfen werden. Thai-Boxen gilt heute als härteste Kampfsportart der Welt.

Das thailändische Fernsehen überträgt mehrmals pro Woche Wettkämpfe (z.B. aus dem Lumpini-Stadion) direkt. Muai-Thai ist in Thailand der National-Sport. Es werden etwa zehn Fachzeitschriften über Thai-Boxen herausgegeben, und viele junge Thais möchten die Laufbahn eines Profi-Boxers einschlagen.

Als Übungsform für den Schwertkampf wird heute in Thailand „Grabong" gelehrt. Bei diesem Stockfechten wird ein leichter, auf die Körpergröße abgestimmter Stab aus Rattan verwendet, der schnell und geschickt mit einer Hand geführt wird.

Beim thailändischen Schwertkampf „Fandab" wird mit besonderen Schwertern gefochten. Das thailändische Schwert ist aus einem Reitersäbel entstanden. Es hat daher eine gebogene Form und einen langen Griff. Zum Kampf wurden auch zwei Schwerter oder Schwert und Schwertscheide (zur Abwehr!) benutzt.

Heute wird der Schwertkampf nach einem festen Zeremoniell als „Form" vorgeführt, wobei Angreifer und Verteidiger die auszuführenden Hiebe und Bewegungsabläufe genau kennen.

Vietnam

In diesem südostasiatischen Land wird unter dem Namen „Viet Vo Dao" eine alte Kampfkunst weitergepflegt, die vor etwa 4000 Jahren von Kaiser Hung Vuong begründet worden sein soll.

Im 19. Jahrhundert wurden in Vietnam Prüfungen für „Offiziersanwärter" abgehalten, bei denen unterschiedliche Disziplinen wie „Gewichttragen über eine bestimmte Distanz", „Kämpfe mit bloßen Händen" und „Waffenkämpfe mit Holzschwertern und Lanzen" zu absolvieren waren.

1938 bereiste Großmeister Nyuyen Loc das ganze Land und versuchte gemeinsam mit anderen Kampfkunstmeistern, die alten, traditionellen Kampfpraktiken zu verbessern und einander anzugleichen. Seine

Bemühungen führten 1945 zur Gründung der Vovinam-Viet-Vo-Dao-Bewegung. Viet-vo-dao (= der vietnamesische Weg der Kampfkünste) erzieht zu kämpferischer Vielseitigkeit und perfekten Bewegungen. Harte und weiche Techniken sollen sich mit körperlichen und geistigen Eigenschaften im Viet-vo-dao harmonisch vereinen und den Körper gesund erhalten.

Man unterscheidet drei Hauptstile:
Vo Bach-Ninh (Nordvietnam), Vo Quang-Bin (Zentralvietnam) und den von chinesischen Kampfkünsten beeinflußten Vo-Lam-Stil im Süden des Landes.

Typisch für Viet Vo Dao sind Fußtritte, Faust- und Kopfstöße, vielfältige Wurftechniken, Klammergriffe sowie spektakuläre Sprung- und Scherentechniken. Außerdem werden Waffentechniken mit Schlaghölzern (Long-Gian), einem Stock (Moc-Can) und der Umgang mit Blankwaffen gelehrt.

Heutige Wettkampfdisziplinen sind die ,,Formen'' und der Freikampf (Vat).

Australien, Neuseeland, Pazifik

Anläßlich kultischer Rituale (z. B. Totenfeiern) fanden bei den Urein-
wohnern des australischen Kontinents Box- und Waffenkämpfe statt,
bei denen Verletzungen nicht selten waren. Man trug auch Zweikämpfe
zwischen Männern und Frauen aus — manchmal kämpften sogar
Mannschaften gegeneinander. Der Ringkampf ist seit alters her
bekannt. Populär sind Stockfechten und Wettbewerbe mit dem
Bumerang.

Auf Neuseeland kennt man eine Ringkampfform, bei der zwei Frauen
gegen einen Mann kämpfen, um den geschlechtsspezifischen Kraftun-
terschied auszugleichen.

Auch auf einigen Inseln im Stillen Ozean finden Kampfspiele (oft in Verbindung mit kultischen Bräuchen) statt. Bei Festen wird häufig gerungen — man veranstaltet aber auch Boxkämpfe (sogar zwischen Männern und Frauen) sowie Turniere im Stock- und Keulenfechten. Bei
einigen Inselvölkern betreibt man Ringkämpfe im Wasser, Gürtelringen
und Mannschaftsringkämpfe (Rudelringen!). Teilweise ist es üblich,
daß die Ringer sich mit Öl einreiben und die Wettkämpfe im Sand aus-
tragen. Die Bewohner der Tonga-Inseln veranstalten anläßlich des
Tautau-Festes Boxturniere. An den Box- und Ringkämpfen dürfen auch
Frauen teilnehmen.

Im einwinden springe ich mit meinem rechten Schenckel an
sein lincke Bein innwendig/vnd neme
die halbe Hüffe.

Abb. 21   Hüftwurf („Uki-goshi") um 1530

Europa

In der Antike und im Mittelalter wurden auch in Europa diverse Kampfkünste praktiziert, die — in Bezug auf Vielfalt und Wirksamkeit — den
Vergleich mit fernöstlichen Systemen nicht zu scheuen brauchen. Sie
hatten teilweise verblüffende Ähnlichkeit mit Kampfpraktiken der Neuzeit, wie Freistilringen, Jiu-Jitsu oder Boxen. Die antiken Kampfkünste
kamen von Ägypten über Griechenland nach Rom und verbreiteten
sich in weiten Teilen der alten Welt. Manche dieser Kampfkünste gerieten später wieder in Vergessenheit. Ringen, Boxen, Fechten und einige
regionale Kampfkünste aber haben in Europa eine jahrhundertalte Tradition.

Deutschland

Schon die Germanen übten sich im Speerwerfen, Fechten, Ringen und
Bogenschießen. Die Bezeichnung ,,Ger-mannen'' beruht darauf, daß
diese Völker eine speerartige Waffe (,,Ger'') benutzten. Tacitus
beschrieb um 100 n. Chr. die Geschicklichkeit der Germanen im
Umgang mit dem Kurzschwert ,,Sax'' (Sachsen!). Bis ins 14. Jahrhundert wurde in Deutschland mit dem ,,Bidenhänder'' (Langschwert)
gefochten.

Im Mittelalter gehörten festliche Turniere, bei denen Ritter hoch zu Roß
ihre Kräfte messen konnten, zu den höfischen Sitten. Bereits 1386 fanden in Weißenfels Wettkämpfe im ,,Stechen und Fechten'' statt. Zu den
ritterlichen Tugenden zählten (ähnlich wie bei den Samurai) Fechten,
Bogenschießen und Ringen sowie Waffentechniken zu Pferde. Dabei
ritten zwei Ritter gegeneinander und versuchten sich mit stumpfen
Lanzen aus dem Sattel zu stoßen (Tjost). Daneben trugen die Ritter

Abb. 22 Mittelalterliche „Fechtschul"

auch Mannschaftskämpfe (Buhurt) zu Pferde und zu Fuß aus, die der militärischen Schulung dienten.

Ab etwa 1500 gab es „Fechter-Genossenschaften" in Deutschland, in denen man den Umgang mit verschiedenen Waffen erlernte. Unter anderem wurde mit der Holzwaffe „Dussack" (ähnlich dem japanischen Bokken) ohne Schutzausrüstung gefochten.

Die deutsche Fechtkunst wurde durch Joachim Meyers Lehrbuch „Freyfechter und Burger zu Strassburg" stark beeinflußt. Diese Schrift war im 16. Jahrhundert für das Fechten maßgebend, das damals zunftmäßig betrieben wurde und einen raschen Aufschwung nahm. Fechtmeister zogen von Stadt zu Stadt und lehrten den Umgang mit Dolch, Messer, Schwert, Spieß, Säbel, Degen und Rapier. Um 1620 reformierte der Fechtmeister Wilhelm Kreußler das Fechten. Die deutsche Fechtschule war damals berühmt. In den einheimischen, mittelalterlichen Fechtschulen wurden auch diverse waffenlose Kampfpraktiken (Abb. 22) betrieben, die teilweise große Ähnlichkeit mit heutigen asiatischen Selbstverteidigungssystemen hatten. In den Zünften wurde auch Bogenschießen und der Umgang mit der Armbrust gelehrt. Nicht nur auf Okinawa gab es „Bauernwaffen": Im 30-jährigen Krieg hat sich auch in Europa die Landbevölkerung mit ihren Möglichkeiten (Dreschflegel und Mistgabel!) gegen die „Soldateska" zur Wehr gesetzt.

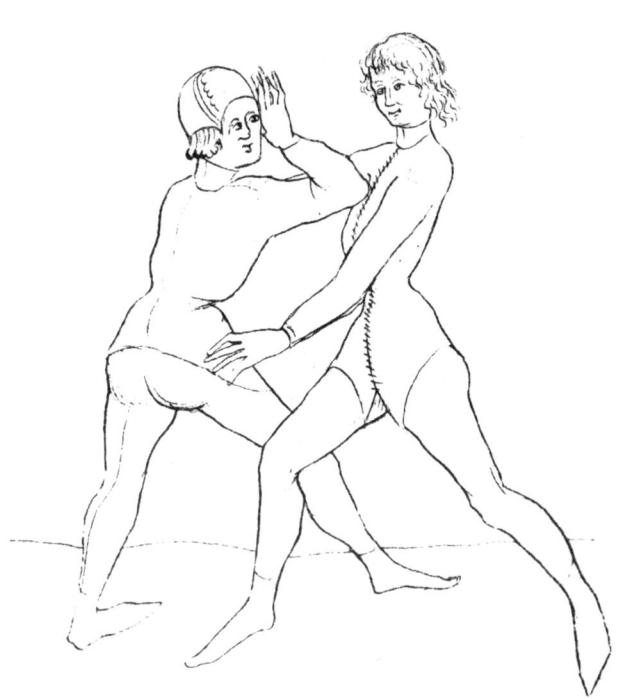

Abb. 23   Selbstverteidigungsszene um 1440

Die Einführung der Schußwaffen bewirkte dann später die Entstehung eines landesweiten Schützenwesens und das Ende vieler alter europäischer Kampfkünste. Einige Ringkampfformen und das Fechten blieben bis heute erhalten.

Die ältesten Zeichnungen mittelalterlicher Kampfkünste stammen aus H. Talhoffers „Fechtbuch" aus dem Jahre 1443, in dem auch waffenlose Kampftechniken (Abb. 23) enthalten sind. Meister Ott hat uns ein „Ringkunst-Lehrbuch" hinterlassen, dessen Inhalt noch heute fasziniert.

Ein weiteres interessantes Werk ist das 1512 erschienene „Fechtbuch", dessen Zeichnungen Albrecht Dürer zugeschrieben werden. Die zahlreichen, in Sequenzen abgebildeten und detailliert beschrie-

69

benen Selbstverteidigungspraktiken (Abb. 24) machen einem heutigen Lehrbuch noch alle Ehre — ein Teil der Techniken ist noch immer gebräuchlich!

1537 erschien in Wittenberg das Buch „Ringerkunst" von Fabian von Auerswald, in dem ebenfalls Selbstverteidigungspraktiken (Abb. 21) dargestellt wurden. Darin finden sich auch Darstellungen des „Grübleinringens", das man damals, vermutlich „sportlich", vor Zuschauern betrieb. Ein weiteres, gutverständliches Selbstverteidigungsbuch wurde im 16. Jahrhundert von Paschen verfaßt.

In dem Buch „Chronik alter Kampfkünste" (Ein Faksimiledruck erschienen im gleichen Verlag) sind zahlreiche alte Stiche und interessante Texte der alten Meister auszugsweise veröffentlicht.

England

Zunächst war das Ringen in England populär. Es gab mehrere Stilarten und Kampfregeln, nach denen sich die Ringer Brust an Brust gegenüberstanden, jeweils das Kinn auf die rechte Schulter des Gegners stützten und mit dem rechten Arm unter dem linken Arm des anderen hindurchfaßten. Alle Griffe und der Einsatz der Beine waren erlaubt, Schläge und Tritte jedoch verboten. Als „Cornwall-Stil" wurde ein Gürtel- bzw. Jackenringkampf betrieben.

Das Boxen läßt sich in England bis in das 16. Jahrhundert zurückverfolgen. Um 1720 eröffnete James Figg in Tottenham Court Yard eine Boxschule. Boxkämpfe wurden in England schnell populär. Bereits 1747 erschien das erste englische Boxlehrbuch.

In Schottland wurde der Hammer nicht nur als Arbeitsgerät, sondern auch als Wurfwaffe benutzt, wobei sogar Wettbewerbe ausgetragen wurden. Der nordische Gewittergott besaß der Sage nach einen Hammer, der nach jedem donnernden Wurf wieder in seine Hand zurückkehrte.

Heinrich VIII. gründete 1540 die „Gilde der Londoner Fechtlehrer", obgleich damalige Fechtfreunde Übungsstätten bevorzugten, die von Italienern geführt wurden. Um 1850 wurde in London ein „Fencing Club" gegründet.

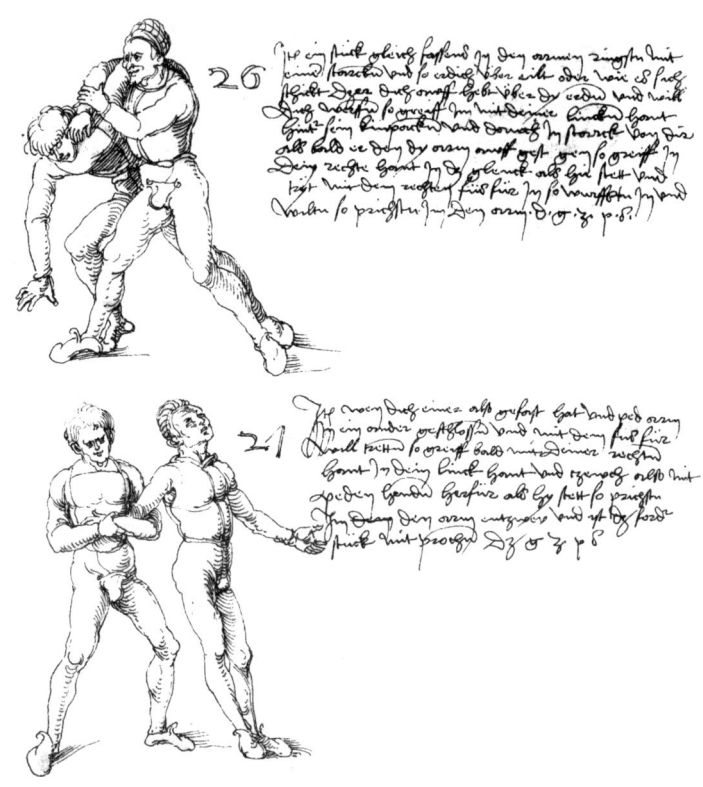

Abb. 24 Aus Albrecht Dürers „Fechtbuch"

Frankreich

Auch in Frankreich entwickelte sich der Ringkampf zu einer Kunst. Schon im Skizzenbuch des Architekten Villard sind zwei mit Gürtel und Lendenschurz bekleidete Männer abgebildet, die einen Ringkampf ausführen, der dem isländischen Glima ähnlich ist. In der Bretagne wird der Ringkampf seit Jahrhunderten in einer Form gepflegt, die stark

Abb. 25 La Canne

an Judo erinnert. In Südfrankreich werden Ringkämpfe nach alter Tradition unter freiem Himmel durchgeführt.

Die Fechtkunst hatte in Frankreich schon früh große Bedeutung. Im mittelalterlichen Frankreich fochten die Ritter zahlreiche, öffentliche Turniere mit Stangen und Stöcken aus. In der Gesetzgebung Karls des Großen war festgelegt, daß Duelle nur mit einem Stock ausgetragen werden durften. Dies beweist, daß der Stockkampf auch in Europa eine alte Tradition besitzt.

Um 1630 löste ein eigener französischer Fechtstil die bis dahin übliche italienische Schule ab. Zur beliebtesten Waffe wurde das Florett, eine Stichwaffe, die besonders elegante Fechtmanöver ermöglicht. Die Rivalität zwischen der italienischen und französischen Fechtschule besteht noch heute!

Seit dem Ende des 18. Jahrhunderts sind in Frankreich Kampftechniken mit Händen und Füßen bekannt, die vorwiegend von Seeleuten angewendet wurden. Um 1820 entwickelte der Franzose Michel Pisseux aus diesen Vorläufern eine Kampfkunst mit dem Namen „Savate" (franz. = Pantoffel).

C. Lecour vermischte diesen „Galoschensport" mit dem „Chausson" (einer Kampfmethode aus Bordeaux) und englischen Boxtechniken. Dieses verbesserte System nannte man später „La Boxe Francaise - Savate". 1877 gab J. Charlemont, der mehrere berühmte englische Boxer besiegt hatte, das erste Fachbuch über Savate heraus. Das „Französische Boxen" ist ein besonders eleganter Kampfstil, der noch heute in Frankreich sehr populär ist und inzwischen vom Erziehungsministerium als Schulsport anerkannt wurde.

La Boxe Francaise - Savate wurde gegen Ende des 19. Jahrhunderts durch die Verwendung bretonischer Stockkampftechniken ergänzt. Dieses „La Canne" genannte Stockfechten ist eine wirksame Selbstverteidigungskunst, die noch immer betrieben wird (Abb. 25).

Griechenland

In der Mythologie und Religion des antiken Griechenlands kommt der Ringkampf häufiger vor — selbst vom Göttervater Zeus wird berichtet, daß er sich als Ringer betätigte. Kampfsportwettbewerbe waren ein Bestandteil von Festen und Totenkult. Kampfpraktiken wie Boxen, Ringen, Bogenschießen und Lanzenfechten wurden schon von Homer als Vorrecht des Adels beschrieben. In der „Ilias" berichtet er vom Boxkampf zwischen Epeios und Euryalos sowie dem unentschiedenen Ringkampf zwischen Odysseus und Aias.

Die älteste nachweisbare Kampfsport-Disziplin war der frühgriechische Waffentanz „Pyrrhiche", den man in voller Kriegsausrüstung betrieb. Meidbewegungen, wie Ausweichen, Zurückweichen und Abducken und die dazu synchron ablaufenden Bewegungen des Gegners, der das Abschießen von Pfeilen, das Werfen von Speeren und das Ausführen von Schlägen imitierte, versinnbildlichten (als eine Art Kata!) ein Gefecht.

Auf der Insel Kreta wurden Fresken gefunden, die etwa 1500 v. Chr. entstanden sind und diverse Kampfszenen zeigen. Man sieht Boxer mit Schnürschuhen, Helmen und Fausthandschuhen, Ringer, Bogenschützen, Speerwerfer und Stierkämpfer.

Auf Zypern wurden Vasen mit Faustkampfdarstellungen aus dem 12. Jahrhundert v. Chr. gefunden.

Auf der Insel Santorin wurden Fresken ausgegraben, die sogar Kinder mit Boxhandschuhen zeigen.

Als Wettkampf betrieben die Griechen Ringen, Boxen und Pankration. In Delphi, auf dem Isthmus, in Olympia und an vielen weiteren Orten wurden in der Antike Turniere unter freiem Himmel (in glühender Sonne!) organisiert.

Die Griechen kannten keine Gewichtsklassen und keine Zeitbegrenzung beim Wettkampf. Da die Sieger stets sehr gewichtig waren, bzw. Riesengestalt hatten, wurde der Kampfsport ,,**Schwer**athletik'' genannt.

Auch der Ringkampf hat in Griechenland eine sehr alte Tradition, wie zahlreiche erhaltene Vasenbilder beweisen. Er war Teil des Penthalon (antiker Fünfkampf) und galt als ,,Geschicklichkeitssport''.

Um 700 v. Chr. wurde das Ringen olympische Disziplin. Milon von Kroton, ein Riese von Gestalt, wurde besonders berühmt, weil er bereits im Alter von 14 Jahren bei der Olympiade 540 v. Chr. alle Gegner besiegte und über zwei Jahrzehnte erfolgreich blieb.

Das Ringkampftraining der Griechen fand in der ,,Palästra'' (pale = ringen), einer Art privater Kampfsportschule statt. Die griechischen Kämpfer waren völlig nackt. Vor Kampf und Training ölten sie sich ein und bestäubten sich dann mit Puder. Es wurde entweder in (mit einer Spitzhacke aufgelockertem) Sand gekämpft oder im Schlamm geübt. Nach dem Sport reinigte man den Körper durch Abschaben mit einem Schabeisen (Strigilis). Die Trainer (Paidotriben) und Kampfrichter (Hellanodiken) trugen lange Stöcke, mit denen sie die Kämpfer bei Bedarf maßregelten.

Griechische Boxer trugen Helme und Ohrenschützer. Sie bandagierten ihre Hände und Unterarme mit Riemen aus ungegerbter Ochsenhaut. Später wurden dann darüber Riemen aus Leder gebunden, die schließlich noch mit metallischen Erhöhungen verstärkt wurden. Dieser ,,Caestus'' genannte ,,Boxhandschuh'' führte dazu, daß sich die Kämpfer schwer verletzten und von Narben entstellt waren.

Die Boxkämpfe ,,Pygme'' (es waren nur Schläge oberhalb der Gürtellinie erlaubt) endeten durch K.o. oder Aufgabe, die der Kämpfer durch

Abb. 26   Antiker Boxkampf

Heben des Zeigefingers anzeigte. Berühmte Boxer der Antike waren Glaukos und Theogenes, der gleichzeitig auch Pankrationssieger wurde. Onomastus von Smyrna errang 668 v. Chr. den ersten Olympia-Sieg im Boxen.

Boxen und Ringen hatten bei den Griechen eine wichtige militärische Bedeutung und sollten die Jugend zu Kraft, Mut und Geschicklichkeit erziehen.

Um 650 v. Chr. kam ,,Pankration'', der griechische Allkampf, zum antiken Wettkampfprogramm hinzu, bei dem auch am Boden gekämpft wurde. Die Berufskämpfer erhielten als Siegestrophäen Sachpreise oder geweihte Lorbeerzweige. Pankration umfaßte Boxen, Ringen und weitere Techniken. Alle Griffe, Stöße, Schläge und Tritte waren ebenso erlaubt, wie Sprungtechniken, Würfe (Schenkelwurf!), Beinscheren, Ellenbogenstöße, Handgelenk- und Fingerhebel sowie Würgen.

Das Zerschlagen von Steinen und der Kampfschrei waren schon damals gebräuchlich. Man kannte schon den kampflosen Sieg durch Freilos ,,akoniti'' (staublos) und das ,,Abklopfen'', als Zeichen der Aufgabe. Die Zweikämpfe waren sehr hart und endeten durch Bewußtlosigkeit, Kampfunfähigkeit oder Aufgabe bzw. nicht selten mit dem Tode eines der Kontrahenten. Bei den Spartanern waren sogar Fingerstiche in die Augen erlaubt!

Von den Trainingsmethoden der Ringer, Boxer und Pankrateasten ist überliefert, daß sie sich durch Huckepacktragen und Stoßen schwerer Steine in Form hielten. Im ,,Korykeion'', dem Trainingsraum der Pankrateasten, gab es schon den ,,Korykos'', einen an der Decke aufgehängten und mit Fruchtkernen gefüllten ,,Punching-Ball'' für das Treffertraining. Mit einem schweren Ledersack wurde auf Standfestigkeit und Härte trainiert, indem man diesen pendelnden Sack mit Schultern, Kopf oder Füßen abfing.

Weitere Übungen der Boxer und Allkämpfer waren damals ein ,,Luftboxen'' mit einem Partner auf Überreichweite sowie der ,,Schattenboxkampf'' (Skiamachia), der von Plato als ,,Kampf ohne Gegner'' bezeichnet wurde.

Wie beim heutigen Makiwara-Training wurde schon damals zur Abhärtung der Hände gegen Holzpfähle geschlagen. Für das Kicktraining

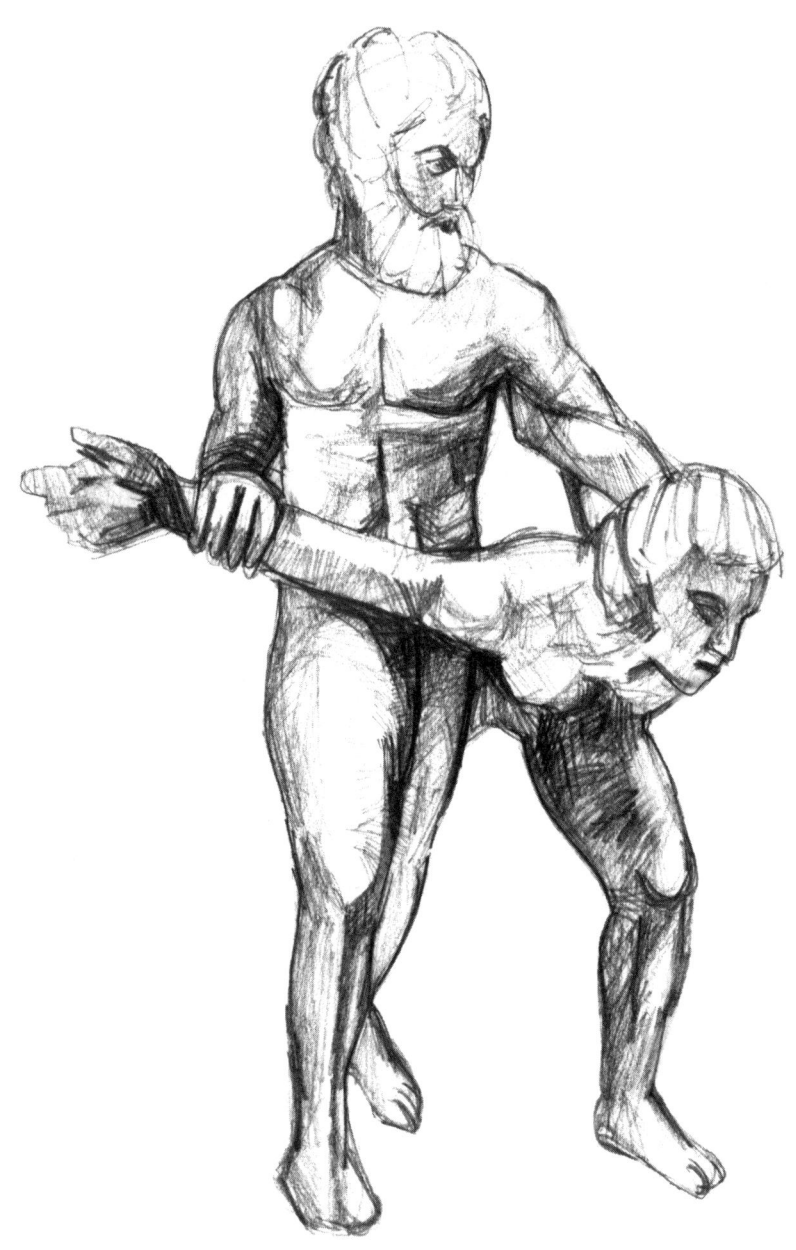

Abb. 27   Armhebel im antiken Griechenland

wurde ein (mit Wein gefüllter!) größerer Schlauch kurz über dem Boden aufgehängt.

Speer, Pfeil und Bogen sowie der Diskus (eine Art großer antiker Shuriken) waren damals übliche Waffen, mit denen regelmäßig trainiert wurde. Beim Speerwerfen übte man sogar dem fliegenden Speer auszuweichen.

Die Griechen kannten als Waffenübung auch das Stockfechten. Plutarch erwähnte in seiner Biographie über Alexander den Großen, daß dieser „Stockfecht-Wettkämpfe" veranstalten ließ.

Grönland

Bei den Eskimos in Grönland und Alaska ist der Ringkampf weit verbreitet. An den Wettkämpfen nehmen auch Frauen teil. Bei einer Form des Bogenschießens wird ein Wettlauf nach niedergegangenen Pfeilen veranstaltet.

Island

Dort wird seit über 1000 Jahren (bis zum heutigen Tag) der „Glima-Kampf" gepflegt. Es handelt sich um einen Gürtel- bzw. Jackenringkampf, der dem Judo ähnelt und aus der Wikingerzeit stammen soll. Es wird im Stand gekämpft. Nachdem sich die Ringer erfaßt haben, beginnt der Kampf, bei dem vor allem Fuß- und Beinwürfe, aber auch Hüftwürfe und Ausheber angewendet werden. Der Sieg wird durch Niederwurf des Gegners erzielt.

Früher gab es auch Mannschaftsringkämpfe „Baendaglima", die im Freien (ohne Gewichtsklassen) von mehreren Kämpfern gleichzeitig ausgetragen wurden. In Nordisland veranstalten die Fischer ihre Glima-Wettkämpfe auf dem Eis des Myvatn.

Italien / Römisches Reich

Wie zahlreiche Funde von Münzen, Vasen und Statuen mit Kampfdarstellungen beweisen, hatte die Kampfkunst auch im Römischen Reich einen hohen Stellenwert. Für militärische Zwecke stand das Fechten im Vordergrund. Gefochten wurde mit dem „Gladius", einem Kurzschwert, dem die „Gladiatoren" ihren Namen verdanken. Die Qualität römischer Schwerter war mäßig. Auch deshalb waren Schlachtreihen erforderlich. Während man in der ersten Reihe auf den Feind einhieb, wurden in der zweiten Reihe Schwerter wieder gerade gebogen.

Schon bei den Etruskern war der Ringkampf verbreitet. Es gab sogar Wettkämpfe zwischen Männern und Frauen.

Die Römer übernahmen das Ringen von den Griechen (griechisch-römischer Ringkampf!). Etwa um 200 v. Chr. fanden Ringen und Faustkampf bei den Circusspielen in Rom Eingang. Im 1. Jahrhundert v. Chr. wurde dann auch Pankration eingeführt und mit dem „Caestus" ausgetragen. Den Siegern wurden Kränze aus Petersilie geflochten. Dieser Pflanze sprach man damals die Wirkung zu, Kraft, Reaktionsvermögen und Klugheit zu verleihen. Sie wurde von den Kämpfern auch verzehrt.

Wurden zunächst noch Einzelkämpfe ausgetragen, so traten später viele Kämpfer in der Arena des „Kolosseum" gleichzeitig auf. Die Befriedigung der Sensationslust des Publikums stand dabei (ähnlich wie bei den Gladiatoren-Kämpfen, die etwa 260 v. Chr. eingeführt wurden) im Vordergrund. Die Kämpfe wurden mit gnadenloser Brutalität ausgetragen. Es war praktisch alles erlaubt. „Sieg oder Tod" war die Devise, genauso wie bei den Kämpfen zwischen Menschen und Tieren.

Auch in Neapel und vielen anderen Orten des Römischen Reichs fanden solche Veranstaltungen regelmäßig statt. Während die Griechen noch nackt und waffenlos kämpften, war bei den Römern ein Lendenschurz und unterschiedliche Kampfausrüstung und Bewaffnung üblich.

Im Mittelalter wurden Boxen und Ringen in Italien hauptsächlich in Fechtschulen (die es seit dem 12. Jahrhundert gab) gelehrt. Im 14. Jahrhundert verdrängte das Fechten allmählich das Ringen. Ursprüng-

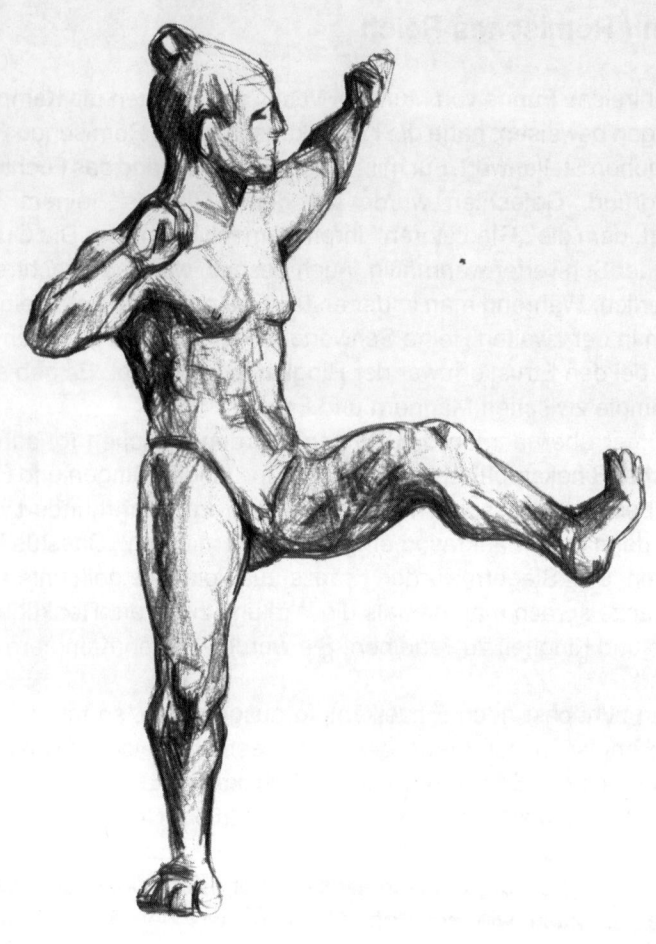

Abb. 28 Römischer Pankrateast

lich waren dabei Schild und Harnisch genauso wichtig, wie die Waffen-
führung. Später wurde das Augenmerk hauptsächlich auf die
Geschicklichkeit des Fechters gelegt.

Das Übergewicht, das man der Bedeutung der Spitze über die
Schneide einräumte, führte zu Degen und Florett.

Die große Zahl italienischer Fechtbücher dokumentiert die führende Stellung Italiens in dieser Disziplin. 1536 erschien in Modena das grundlegende Werk von Achille Marozzo: „Opera nova chiamanta duello overo fiore dell'armi". Zum Schutz des Fechters waren Schild oder Mantel (Cappa) erlaubt.

Niederlande

Auch hier wurden schon im Mittelalter Ringkampf- und Selbstverteidigungstechniken gelehrt. Das Buch „Worstelkonst", das von Nicolaes Petter in Amsterdam herausgegeben wurde, stammt aus dem Jahre 1674. Darin finden sich eine ganze Reihe von Kampftechniken, die noch heute beim Judo bzw. in der Selbstverteidigung angewendet werden (Abb. 29).

Österreich

Hier blickt das „Tiroler Rangeln" als bodenständige Ringkampfsportart auf eine alte Tradition zurück (siehe Seite 87).

Portugal

Im Mittelalter entwickelte sich besonders in den Städten sportliches Leben. Es war das Vorrecht des Adels, eine Ausbildung im Fechten zu erhalten. Das nationale Ringen „Galhofa" wird seit über 500 Jahren betrieben; es gibt ein portugiesisches Stockfechten.

Schweiz

Schon im 10. Jahrhundert soll der „Hosenlupf" in Appenzell üblich gewesen sein. Das noch heute betriebene „Eidgenössische Schwingen" blickt auf eine über 200jährige Tradition zurück. Das erste Lehrbuch über Schwingen, von Prof. R. Schärer, erschien 1864.

Abb. 29   Fußwurf um 1670

Bei diesem alpenländischen Volkssport, der nur im Stand ausgeübt wird, fassen sich die beiden Kontrahenten jeweils an der Hose und versuchen sich auszuheben, bzw. umzuwerfen (Abb. 30). Es gibt eine ganze Reihe von „Schwingergriffen", die man intensiv trainieren muß, wenn man damit Erfolg haben will. Jeder „Gang" wird nach einem Punktsystem bewertet.

Ehemalige Sowjetunion

Der Kampfsport hat bei den Völkern der ehemaligen Sowjetunion eine lange Geschichte. Es gibt mehr als 20 nationale, volkstümliche Arten des Ringkampfes, deren Anfänge weit in die Vergangenheit zurückreichen — fast alle wurden mit Jacke und Gürtel durchgeführt. Beschreibungen dieser alten Ringkampfarten finden sich bereits in der Lawrentewskajer Chronik aus dem 10. und 11. Jahrhundert.

Neben den russischen Ringkampfarten kennt man den tatarischen Ringkampf „Kurjasch". Dieser Gürtelringkampf wird in Alltagskleidung ausgetragen. Das Ziel besteht darin, den Gegner auf den Boden zu werfen, ohne seinen Gürtel loszulassen. In Baschkirien treffen sich die Ringkämpfer an nationalen Feiertagen. Sie versuchen, den Gegner am Gürtel auszuheben oder über die Schulter bzw. Hüfte zu Boden zu werfen.

Bei den Burjaten wird der „Tuwiner Kuresch" und der „Jakutsker Chapsagei" als nationaler Ringkampf gepflegt. In Grusinien erfreut sich der Ringkampf „Tschidaoba" besonderer Popularität. Es wird in einer Weste ohne Ärmel („Tschochi") gekämpft, die mit einem Stoffgürtel zugebunden wird. Die Kämpfe verlaufen unter den Klängen volkstümlicher Musik und dauern jeweils 5 Minuten. Es werden auch Bein- und Fußwürfe angewendet.

In Armenien wird beim „Koch" in der Nationaltracht „Tschochach" gerungen. Der Zweikampf beginnt mit tänzerisch-gymnastischen Aufwärmübungen. Beinwürfe, Fußwürfe und das Fassen der Beine sind erlaubt. Der Kampf ist beendet, wenn ein Kämpfer auf dem Rücken liegt.

Abb. 30 Holzschnitzerei am Chorgestühl
einer schweizer Kathedrale (13. Jahrh.)

In Aserbaidschan ringen die Wettkämpfer (Pechlewanas) in Nationaltracht (Pumphosen mit Gürtel und leichten Schuhen) im Freien. Vor
Beginn der Kämpfe wird eine Aufwärmgymnastik mit volkstümlicher
Musik durchgeführt. Zur Begrüßung reichen sich die Kontrahenten
eine Hand und klopfen sich (ohne loszulassen) mit der anderen gegenseitig auf die Schulter. Nach dem dritten und kräftigsten Schlag stoßen
sie sich voneinander ab und beginnen den Kampf. Erlaubt sind Fußwürfe, sowie das Fassen von Beinen und Hose. Gewonnen hat, wer den
Gegner 15 Sekunden am Boden hält.
In Usbekistan wird der Ringkampf „Kurasch" in Nationaltracht (wat-
tierte Jacke „Tschapana" mit weißem Gürtel) ausgetragen. Ziel des

Wettkampfes ist es, den Gegner zu Boden zu werfen, wobei die Kämpfer in den Gürtel fassen und nicht loslassen dürfen.

In Kasachstan kennt man den ,,kasachischen Kuresch", bei dem nur im Stand gekämpft und versucht wird, den Gegner auf den Rücken zu werfen.

Beim ,,Goresch" in Turkmenien wird der Gürtel erfaßt und im Stand gekämpft. Das Ziel des Kampfes besteht darin, den Gegner zu zwingen, mit einem Körperteil oder der Hand die Matte zu berühren.

Der tadshikische ,,Gushtingeri" wird in mittelasiatischer Kleidung (Chalat) ausgeführt und ist für sein Tempo und das schnelle schlagartige Fassen bekannt. Beinwürfe, Fußwürfe und Ausheber sind gestattet.

Der Wettbewerb ,,Trynta" in Moldau wird im Stand unter Begleitung nationaler Musik ausgetragen. Bei den Kirgisen wurde der Ringkampf früher nur in Adelskreisen ausgetragen. Die Sieger erhielten Naturalpreise.

Von den Tataren stammen die ,,Stenka-Faustkämpfe", die man als Mannschaftswettbewerb Dorf gegen Dorf mit Handschuhen oder bloßen Fäusten austrug.

In den dreißiger Jahren entstand ,,Sambo", eine kombinierte Art des Ringkampfes, der heute in der ganzen ehemaligen UdSSR betrieben wird (siehe das Buch ,,Sambo-Kampf", erschienen im gleichen Verlag).

Spanien

Kampfspiele sind seit alters her in Spanien beliebt. Die Popularität des Stierkampfes ist ungebrochen. Noch heute ringen junge Männer mit wilden Jungkühen, wobei sie die Tiere an den Hörnern packen und versuchen, sie auf den Rücken zu drehen.

Um 1470 entstanden die ersten Fechtschulen in Spanien. Ursprünglich war der spanische Fechtstil recht unbeweglich und der Tradition verhaftet.

Das 1628 von Girard Thibault veröffentlichte Werk ,,Académie de l' espée" dokumentiert die spanische Fechtschule.

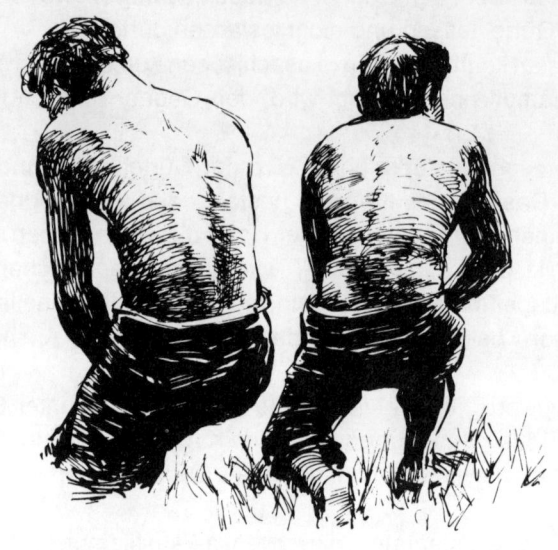

Abb. 31 Türkische Ringer

Türkei

Der Ringkampf fand in der Türkei schon immer großes Interesse. Er ist besonders in Anatolien als kraftvoller Volkssport weit verbreitet. Wenn ein Turnier stattfindet, schicken die umliegenden Dörfer ihre besten Kämpfer dorthin.
Der traditionelle türkische Ringkampf ,,Kirpinar'' findet einmal im Jahr in der Stadt Edirne im Freien auf einer steinigen Wiese statt. Die Ringer tragen eine halblange Lederhose, die über der Taille und unterhalb der Knie mit Ledergürteln gehalten wird. Man kämpft mit nacktem, eingeölten Oberkörper. Die Ringer ergreifen den Gürtel des Gegners und versuchen ihn auf den Rücken zu zwingen. Die Kämpfe dauern oft lange und werden mit Musik untermalt. Würgegriffe und Schlagtechniken sind verboten. Den Siegern winken Geldpreise und Viehgeschenke.

Ungarn

Auch in Ungarn gibt es eine alte Ringkampftradition. Die Fechtkunst hat traditionell einen hohen Stellenwert. Viele ungarische Fechter erlangten internationale Berühmtheit.

Das „Rankeln" in Tirol

Abb. 32   Aikidotechnik

Die bekanntesten heutigen Kampfsportarten und Bewegungssysteme

Aikido

Diese japanische Budoart wurde vor etwa 50 Jahren von O-Sensei Morihei Uyeshiba (1883 - 1969) begründet. Er entstammte einer alten Samurai-Familie, hatte mehrere japanische Kampfkünste betrieben und war Schüler der Selbstverteidigungsschule ,,Daito-ryu''. Er vertrat die Auffassung, daß der Geist die Materie beherrschen müsse und räumte der physischen Kraft in seinem Bewegungssystem nur einen geringen Stellenwert ein.

Die Bedeutung des Wortes ,,Aikido'' ergibt sich aus den Silben: Ai = Harmonie, Freundschaft / Ki = Lebenskraft, Energie, Geist / Do = Weg. Frei übersetzt heißt Aikido: ,,Körper und Geist in Übereinstimmung mit den Gesetzen der Natur und in Harmonie zueinander bringen''.

Aikido lehrt, aggressive Kräfte zu kontrollieren und umzulenken. Durch geschicktes, rechtzeitiges Ausweichen und geschmeidige, fließende Bewegungen paßt man sich einem Angriff an und läßt die Kraft des Angreifers leerlaufen, so daß der Gegner sein Gleichgewicht verliert und unter Kontrolle gerät. Aikido ist die Kunst, das Richtige zum richtigen Zeitpunkt zu tun.

Die Budoart Aikido ist von Elementen des Jiu-Jitsu, Judo und des Schwertkampfes geprägt und gilt als sanfte Selbstverteidigung. Sie schult den Körper in seiner Gesamtheit, beeinflußt die geistige Haltung und fördert Einfühlungsvermögen, Konzentration und Reaktion. Die Ausübung von Aikido soll zur Wiederfindung des eigenen Gleichgewichts führen und die harmonische Entwicklung von Körper und Geist fördern. Aikido soll uns mit unserer Umwelt in Einklang bringen. Das

Aikikai Honbu Dojo in Japan gilt heute international als richtungsweisende Zentrale.

Im Mittelpunkt des Aikido steht die Lehre von „der geistigen Kraft" (Ki). Auch „die Mitte des Menschen" (Hara) ist von Bedeutung. Das Wesen des Aikido liegt nicht im Vernichten oder Besiegen eines Angreifers, sondern in der zweckmäßigen Anwendung von natürlichen Maximen, wie dem Prinzip der **Mitte** und dem Prinzip der **Ausdehnung**.

Aikido bedeutet „Sieg durch Frieden". Das Ziel des Aikido-Trainings ist die Ausschaltung von Angst und Aggressivität und die Entwicklung der Persönlichkeit und Geisteshaltung. Es geht darum, die Harmonie zwischen Geist und Körper zu finden und ein dem Menschen innewohnendes Kraftpotential zu mobilisieren.

Nach dem zeremoniellen Begrüßen, einer vorbereitenden Lockerungs- und Kräftigungsgymnastik und den Fallübungen werden die aikidospezifischen Abwehrtechniken geübt. Die angreifende Kraft des Gegners soll dabei durch runde, natürliche Ausweichbewegungen mit der Kraft des Verteidigers vereint, umgelenkt und gegen den Angreifer geführt werden.

Man kennt Wurftechniken und Techniken, die mit dem Arretieren des Angreifers am Boden enden. Dabei hat die „Schwerthand" (Tegatana), d.h. die gestreckte, bis in die Fingerspitzen gespreizte Hand eine besondere Bedeutung.

Ausgehend von den Grundtechniken und den Prinzipien: „Irimi" (jap. = eintreten) und „Tenkan" (jap. = umwandeln) kann eine große Vielfalt von Aikido-Techniken entwickelt werden.

Auf richtiges Atmen wird beim Aikido besonderer Wert gelegt. Es werden spezielle Atemübungen (Kokyu) gelehrt.

Aikido kennt vier grundlegende Übungsformen: Tachi-Waza (stehend), Suwari-Waza (kniend), Hamni-Hantachi-Waza (kniend/stehend) und Waffentechniken (Bukki-Waza).

Beim Aikido werden Gürtelprüfungen, aber keine Wettkämpfe durchgeführt und „Formen" mit Stock und Holzschwert (Jo-Kata und Bokken-Kata) gelehrt.

Nähere Einzelheiten über die Budoart Aikido finden Sie in „Das Aikido Brevier" und „Aikido Fibel", erschienen im gleichen Verlag.

Arnis/Escrima/Kali

Modernes Arnis ist zugleich Sport und Selbstverteidigung. Typisch für das philippinische Arnis sind die wirbelnden, 60 - 70 cm langen Stöcke, die mit hoher Geschwindigkeit und großer Präzision geschlagen werden, sowie zyklische Schlagfolgen (Sinawali) mit zwei Stöcken, die Fortgeschrittene ebenfalls sehr schnell ausführen.
Beim Arnis/Escrima/Kali erlernt man zuerst den Umgang mit dem Stock (bzw. mit Waffen) und danach waffenlose Verteidigungstechniken. Der Stock (oder andere Gegenstände) gelten als verlängerter Arm des Kämpfers, so daß eine Stocktechnik direkt auf die Verteidigungsmethoden mit bloßen Händen übertragen werden kann.
Während der spanischen Besetzung der Philippinen war das Tragen einer Machete (Bolo) ebenso verboten, wie die Ausübung von Arnis. Daher wurde Arnis als Geheimkunst im Verborgenen geübt und als „Tanz" vorgeführt, der sogar den Spaniern gefiel.
Heute unterscheidet man zwei Hauptrichtungen der philippinischen Kampfkünste: Klassisches Arnis und modernes Arnis.
Ein wichtiger Bestandteil beider Hauptrichtungen ist die gekonnte Entwaffnung des Gegners. Sie muß nicht unbedingt mit einem Stock erfolgen, sondern kann auch auf andere Weise geschehen. Ein Stockkämpfer verwendet zu seiner Verteidigung die Gegenstände, die er gerade bei sich trägt, wie z.B. Regenschirm, Aktenmappe, Handtuch, Schal, eine zusammengerollte Zeitung u.a. oder er benutzt die bloßen Hände. An den eigentlichen Abwehrbewegungen und dem Bestreben, den Angriffswinkel zu verkürzen, ändert sich dabei nichts.
Beim klassischen Arnis wird der Angreifer nicht am Stock geblockt (wie beim modernen Arnis), sondern (auch beim Training!) direkt auf dem Arm. Dies setzt eine gute Fußarbeit, ein Gefühl für die richtige Distanz und exzellentes Timing voraus. Außerdem ist die Körperhaltung sehr wichtig. Die alten Meister nahmen bei der Ausführung der Techniken kaum Rücksicht auf ihre Schüler: Abwehrtechniken wurden grundsätzlich durchgeschlagen, denn das klassische Arnis diente auch als Vorübung für den Kampf mit der Machete.
Beim modernen Arnis-Stockkampf üben Fortgeschrittene Doppelstocktechniken, Schwert- und Doppelschwerttechniken sowie eine

Schwert-Form. Gelehrt wird auch das „periphere Sehen", d.h. Angriffe zu erkennen und korrekt zu reagieren, ohne sich durch die Betrachtung von Details ablenken zu lassen.

Die Stockkämpfer-Ausbildung umfaßt mehrere Stufen:

In der 1. Stufe wird gezeigt, wie ein Stock den eigenen Körper schützt und wie daraus Gegenangriffe entwickelt werden können. Eine Vielzahl von Angriffsmöglichkeiten, der Kampf Stock gegen Stock (seine Prinzipien sind auch auf Blankwaffen anwendbar) und höchst wirksame Abwehrtechniken (auch gegen Messer und Schwert) ergänzen sich.

Die 2. Stufe umfaßt den Kampf mit zwei Stöcken. Es werden die Grundangriffsschläge und die Hauptzielrichtungen unterrichtet und folgende Techniken gelehrt: Blocktechniken, Blocks mit anschließender Entwaffnung, Hebeltechniken, Doppelstocktechniken, der Freikampf sowie einfache oder doppelte „Sinawali-Übungen" (Angriffs- und Abwehrkombinationen mit einem oder zwei Stöcken, die mit einem Partner in Form einer Schleife ohne Ende geübt werden). Der Stil für die mittlere Distanz, pflegt besonders die Kurzstocktechniken, während „Largo Mano", als Stil für die weite Distanz, den Umgang mit der Machete fördert.

Bei Vollkontakt-Meisterschaften tragen die Stockkämpfer heute eine Schutzausrüstung, die aus Kopfschutz und Handschuhen besteht. Alle Schläge gegen empfindliche Körperteile sind verboten.

Die Meistergrade beim Arnis heißen „Antas" (Lakon Isa = 1. „Dan").

Ende der fünfziger Jahre wurde Arnis vom philippinischen Unterrichtsministerium als förderungswürdig anerkannt.

Nähere Einzelheiten über diese Philippinische Kampfkunst siehe das Buch: Arnis · Escrima · Kali (erschienen im gleichen Verlag).

Boxen

Die Kunst mit den Fäusten zu kämpfen ist Jahrtausende alt. Sie wurde im Laufe der Geschichte als nützlicher Kampfsport zur Erziehung der Jugend gelobt, aber auch als gewalttätiges Spektakel verpönt und war zeitweise verboten.

In den Ruinen eines etwa 7000 Jahre alten sumerischen Tempels fand man Darstellungen boxender Männer. In Ägypten war der Boxkampf (wie Steinrelieffunde beweisen) bereits vor 5000 Jahren bekannt. Homer beschreibt in der Ilias einen Boxkampf. Seit der 23. antiken griechischen Olympiade gehörte Boxen zum Wettkampfprogramm. Auch die Römer boxten. Sie umwickelten ihre Fäuste mit Riemen; sogar ein Ohrenschutz war schon bekannt. Im mittelalterlichen Europa war Boxen Teil des Freiringens und wurde damals in den Fechtschulen gelehrt.

Abb. 33   Boxen im 19. Jahrhundert

Das moderne Boxen entwickelte sich im 17. Jahrhundert in England. Der Fechtlehrer James Figg gilt als Begründer der "manly art of self-defence", bei der mit bloßen Fäusten gekämpft wurde. Um 1740 stellte der Engländer Jack Broughton (der als Erfinder des Boxhandschuhs gilt) feste Kampfregeln auf. Seit 1867 gibt es Boxmeisterschaften. 1904 wurden zum ersten Mal bei modernen Olympischen Spielen Boxwettbewerbe ausgetragen. 1912 gründete man den ersten deutschen Boxclub, den SV Astoria-Berlin. 1920 fand die erste Deutsche Meisterschaft statt.

Zum Boxtraining benutzt man heute folgende Geräte: Sprungseil, Wandpolster, Maisbirne, Sandsack, Plattformbirne, Doppelendball, Punktball und Handpolster. Es wird in einem mit Seilen bespannten Ring mit Boxhandschuhen und (teilweise) mit Kopfschutz gekämpft. Die Boxer tragen Zahn- und Tiefschutz. Strenge Kampfregeln und ärztliche Überwachungen dienen der Sicherheit der Sportler.

Nach der Entfernung zum Gegner unterscheidet man drei Kampfformen:

a) Distanzkampf — es wird auf Reichweite gekämpft.

b) Halbdistanzkampf — innerhalb der Reichweite werden Haken geschlagen.

c) Nahkampf — Kampf Mann an Mann.

Die wichtigsten Boxtechniken sind: Der linke und rechte gerade Stoß, der Haken, der Aufwärtshaken, Cross und Doublette.

Im Kampf versucht der Boxer, die K.o.-Punkte seines Gegners, wie Kinnspitze, Schläfen, Halsseite, Herz, Solar-Plexus oder Leber zu treffen.

Für einen Boxer ist es daher wichtig, gegnerischen Schlägen die Wirkung zu nehmen. Das geschieht durch Decken, Ablenken, Ausweichen, Abfangen, Abducken oder Pendeln.

Bei Wettkämpfen dürfen nur Kämpfer gegeneinander antreten, die annähernd die gleiche Schlagkraft besitzen. Daher wurden Gewichts- und Altersklassen geschaffen und Leistungsklassen eingeführt.

Die Boxer werden während des Wettkampfes von ihren Sekundanten betreut und von Ringrichter und Ringarzt beaufsichtigt. Profis und Amateure haben unterschiedlich lange Kampfzeiten und müssen eine verschiedene Anzahl von Kampfrunden durchstehen. Schutzbestimmungen bei einem Niederschlag sollen gesundheitliche Risiken vermindern und Schädigungen der Athleten verhindern.

Nähere Einzelheiten über den Boxsport finden Sie in dem Buch „Boxen... Fechten mit der Faust", erschienen im gleichen Verlag.

Burmesisches Boxen

Der traditionelle burmesische Boxkampf ist über tausend Jahre alt und hat sich seither kaum verändert. Alle Schlag- und Trittarten (einschließlich Kopfstoß) sind erlaubt. Im Nahkampf können auch Würfe angewendet werden. Die Boxer kämpfen barfuß; ihre Fäuste sind nur mit Baumwollbandagen umwickelt.

Während der britischen Besatzungszeit war der Fortbestand des burmesischen Boxens bedroht, denn die Ausübung dieser Kampfkunst und alle Wettkämpfe wurden zunächst verboten. Später allerdings hielten sogar die britischen Gouverneure Turniere ab!

Heute werden Wettkämpfe meist während der buddhistischen Feste veranstaltet. Nach der Reisernte z.B. werden riesige Scheiterhaufen angezündet. Die Boxer kommen nacheinander zum Feuer und kämpfen auf festgestampftem Boden in einem mit Seilen begrenzten Boxring.

Im Gegensatz zu verwandten Kampfsportarten kennt man beim burmesischen Boxen keine Gewichtsklassen. Es gibt jedoch vier Leistungs-Klassen, deren Kriterien auf dem technischen Niveau der Kämpfer und ihren bereits erzielten Wettkampferfolgen basieren. Ein junger Boxer startet zu Beginn seiner Karriere in der 4. Klasse.

Früher trugen die Boxer ein dreieckig gebundenes Tuch (Lonyi). Diese Sitte (sowie das Tätowieren der Beine) verschwindet jedoch allmählich. Der traditionelle burmesische Boxkampf ist ohne Eröffnungszeremoniell (Kato Bue) und das überwiegend mit Schlaginstrumenten besetzte Orchester (Sayensia), das während der Kämpfe spielt, kaum denkbar. Vor jedem Boxkampf führen die Kämpfer ihren ,,Boxertanz'' (Louvi Yi Pya) unter Musikbegleitung aus.

Einen Wettkampf überwachen zwei Ringrichter und drei weitere Kampfrichter. Der Boxkampf dauert so lange, bis einer der Boxer entweder durch K.o. oder durch Verletzung ausscheidet.

Im Wettkampf dürfen alle Arten von Faustschlägen und Fußtritten, Ellbogen- und Kniestöße angewendet werden. Auch Kopfstöße und verschiedene Würfe sind erlaubt. Verboten sind lediglich Beißen, an den Haaren ziehen, Schlagen in die Genitalien, Fingerstiche und Handkantenschläge sowie Angriffe von hinten.

Abb. 34 Uralte Boxszene (Steinrelief)

Das Training der burmesischen Boxer ist besonders hart.
In Burma gibt es mehrere Turnierarten. Im allgemeinen werden die
Wettkämpfe von Boxern der niedrigen Klassen begonnen. Die wichtigsten Turniere finden in Rangun statt.
Beim Fahnenturnier (Louvi lala pue) gewinnen die Sieger Fahnen in
verschiedenen Farben. Jede Fahne bringt eine bestimmte Prämie.
Beim ,,Tschashou quenshom que'' nehmen nur die besten Boxer aus
den verschiedenen Provinzen teil. Der Sieger dieses Turniers, der burmesische Boxchampion, erhält den Ehrentitel ,,Shyonson'' und wird im
ganzen Land berühmt.
Der berühmteste burmesiche Boxer war ,,Moju'' (Donnerschlag). Man
ernannte ihn zum ,,Boxerkönig'', weil er 12 Jahre lang aktiv an Wettkämpfen teilnahm und während der Jahre 1960 bis 1972 keinen einzigen Niederschlag erlitt, was in Anbetracht der burmesischen Kampfregeln eigentlich unmöglich ist.

Capoeira

Kampf, Sport, Tanz, Akrobatik, Spiel, Spaß oder körperlicher Ausdruck
— etwa diese Umschreibungen wählt ein Capoeira-Meister, wenn er
von seinem brasilianischen Kampfsport spricht. Wer beim Capoeira
zuschaut, begreift schnell, warum diese ungewöhnliche Sportart einer
so vielfältigen Beschreibung bedarf.

Capoeira ist eine Mischung aus Kampfsport und rhythmischer Bewegung, die vor etwa 400 Jahren auf den Zuckerrohrplantagen Bahias
von schwarzen Sklaven als Ausdruck des Widerstandes und zur Verteidigung entwickelt wurde.

Den Ursprung des Capoeira führt man auf die ,,Mucope'' (einen
,,Kriegstanz'', der in Angola bei Fruchtbarkeitsriten von den jungen
Männern aufgeführt wurde) zurück.

Die drei Hauptelemente des Capoeira sind Kampftechniken, Musik
(Chula) und rhythmische Bewegung.

Zum Rhythmus von Berimbau (einem afrikanischen Bogeninstru-
ment), Kongatrommeln und Schellentamburin bewegen sich jeweils
zwei Capoeiristas in der ,,Ginga''. Beide Kämpfer sind in ständiger
Bewegung. Der Gegner wird nicht erfaßt.

Die Ginga ist ein Wiegeschritt (zugleich Kampfrhythmus!), der zum
Rhythmus der Musik ausgeführt wird. Jeder Capoeirista hat seinen
eigenen Rhythmus. Aus dieser Ginga werden Kampftechniken und
akrobatische Bewegungen ausgeführt, wobei kaum zu unterscheiden
ist, ob es sich um Tanzen oder Kämpfen handelt. Capoeira wird locker
und leicht ausgeführt, ist aber als Kampfpraktik dennoch sehr effektiv.

Die Bewegungen werden in den ,,Sequentia Basica'' und im ,,Jogo'',
einem kontrollierten Übungskampf (portugiesisch = Spiel), erlernt. Die
Angriffstechniken haben so fantasievolle Namen wie ,,Rabo de Arraia''
(Rochenschwanz) oder ,,Martelo'' (Hammer) und werden durch Vertei-
digungstechniken wie ,,Negativa'' (die erste Technik, die man in einer
Capoeira-Schule erlernt) und ,,Resistencia'' ergänzt.

Da den Sklaven nach der Arbeit auf den Feldern oft die Hände zusam-
mengekettet wurden, trainierten sie zu Verteidigungszwecken insbesondere ihre Beine. Daher blieb Capoeira bis heute vor allem auf die

Beine konzentriert, obwohl in der jahrhundertelangen Entwicklung dieses „Kampftanzes" auch viele Handtechniken hinzukamen.

Die Capoeirista tragen weiße Hosen (die hohe Beintritte zulassen) und weiße, kurzärmelige Hemden.

Die Graduierung der Capoeirista läßt sich an der Farbe einer Kordel ablesen, die um den Bauch gebunden wird. Sie symbolisiert die Ketten, die ehemals die Sklaven trugen.

Für Wettkämpfe wird ein Feld von 10 x 12 m benötigt, in dem sich der eigentliche Kampfring (Roda) befindet. In den 3 m großen Kreis eintreten, bedeutet den Kampf aufnehmen.

Mit atemberaubender Geschwindigkeit wirbeln die Tänzer (bzw. Kämpfer) um die eigene Achse und schnellen — sich mit den Händen auf dem Boden abstützend — ihre Füße zu Kopf, Rumpf oder den Beinen des Partners (Abb. 35). Blitzschnelle Angriffsbewegungen, Ausweichmanöver und Gegenangriffe wechseln einander ab. Die Kämpfer geraten in eine Art Trance und sind in ständiger Bewegung. Ein Kampf dauert zwei Minuten.

Wenn ein Kämpfer den anderen dreimal zu Boden bringt oder ihn aus dem Kreis drängt, hat er den Kampf gewonnen — k.o. ist erlaubt! Auch ein Sieg durch Schiedsrichter-Wertung ist möglich.

Die zuschauenden Capoeiristas begleiten den Rhythmus der Instrumente durch Händeklatschen und singen die alten Lieder der Schwarzen, die von der schweren Arbeit auf den Plantagen, dem Kampf gegen die Unterdrückung oder von „Zumbi" (einem König der Sklaven) erzählen.

Der älteste Stil „Capoeira de Angola" zeichnet sich durch tiefe Bewegungen am Boden aus. Daraus hat sich später ein neuer Stil, „Capoeira Regional", entwickelt. Neben diesen großen Stilrichtungen existieren noch viele weitere Schulen in Brasilien.

Rio de Janeiro, Salvator de Bahia und Recife wurden zu Zentren des Capoeira und konkurrieren bei den jährlichen Meisterschaften.

Capoeira ist nicht nur Sport und Spiel, sondern ein Bestandteil brasilianischer Kultur und insbesondere für die farbige Bevölkerung von großer Bedeutung. Inzwischen findet Capoeira aber auch wachsendes Interesse in der weißen Bevölkerung Brasiliens. Er wird nicht mehr ausschließlich in den „morros" (den Elendsvierteln der Großstädte) betrie-

ben, sondern auch in den besseren Vierteln. Selbst außerhalb Brasiliens (insbesondere in den USA) findet Capoeira zunehmend Anhänger, wobei er teilweise noch mit anderen Kampfsportarten wie Karate
oder Taekwondo (aus denen vor allem Hand- und Fausttechniken ent-
lehnt werden) kombiniert wird.

Abb. 35   Capoeira

Fechten

Die Ursprünge des modernen europäischen Fechtens führen in das 12.
Jahrhundert zurück. Die auf Zweihänder, Schild und Harnisch gegrün-
dete Kampfart des Mittelalters, verändert sich nach und nach. Im 14.
Jahrhundert bildeten Fechtmeister (meist erfahrene Krieger) ,,Männer
von Stand'' im Fechten aus. Beweise für das Vorhandensein einer
Fechtkunst im heutigen Sinn (allerdings noch mit einer schweren
Waffe) stammen aus dem 15. Jahrhundert.

Allmählich wurde die Fechtwaffe handlicher und die Kriegsbekleidung leichter. Mit der Vervollkommnung der Fechttechnik erfährt auch die Waffe weitere Veränderungen und nimmt schließlich die Form des Degens (einer reinen Stichwaffe) an. Im 16. Jahrhundert wurden in Europa zahlreiche Fechtschulen gegründet und Lehrbücher von hoher Qualität herausgegeben, aus denen man noch heute lernen kann. Die Franzosen behaupten, es sei das Verdienst der Spanier, während der Regierungszeit von König Karl V., das Fechten mit rationellen und technischen Prinzipien erfunden und verbreitet zu haben. Die Italiener verteidigen ihre Urheberschaft gegenüber den Iberern mit dem Argument, daß die italienische Schule des Fechtens während der Renaissance in ganz Europa führend war.

Der italienische Fechtmeister C. Agrippa schuf 1553 mit seinem Werk „Trattato di scienta d'arme" die Grundlage für die moderne, neue Fechtkunst, bei der Stich oder Stoß für wirksamer erachtet wurden, als der Hieb, d.h. die Bedeutung der Spitze gegenüber der Schneide wurde hervorgehoben.

Mit der Einführung der Feuerwaffen nahm die Bedeutung des Fechtens später wieder ab, so daß schließlich nur noch an Fürstenhöfen, Universitäten und in privaten Zirkeln gefochten wurde. Die Art der Waffe und die gültige Treffläche bestimmten die unterschiedlichen Regeln beim Florett-, Degen- oder Säbelfechten.

Fechten in seiner heutigen sportlichen Form wurde erst durch die Erfindung des Floretts, einer Übungswaffe möglich, die speziell zur Vorbereitung auf das Duell geschaffen wurde.

Der Gebrauch des Floretts folgte den Regeln, die einem Kampf zu Fuß zugrunde lagen: Treffen, ohne selbst getroffen zu werden!

Fechten wurde zur geistigen Matrize vieler anderer Sportarten, wie Boxen, Tennis oder Korbball, die ebenfalls die Idee von Verteidigung und Angriff auf individueller oder kollektiver Basis ausdrücken.

Beim Florettfechten verwendete man drei verschiedene Waffentypen: Das italienische, das französische und das anatomische Florett. Die Klinge aus gehärtetem Stahl (mit viereckigem oder rechteckigem Querschnitt) hat von der konvexen Seite der Glocke bis zur Spitze eine maximale Länge von 90 cm. Die Florettklinge wird in drei gleichlange Zonen eingeteilt: Klingenstärke, Klingenmitte und Klingenschwäche.

Das Gesamtgewicht des Floretts muß unter 500 g liegen. Die Fecht-maske besteht aus einem Netz, dessen Drähte einen Durchmesser von mindestens 1 mm haben und 2 mm voneinander entfernt sind. Zur gülti-gen Treffläche beim Florettfechten zählen nur die von der Elektroweste bedeckten Körperteile. Der Kopf und die Extremitäten sind beim Flo-rettfechten als Treffläche ausgeschlossen.

Jedes Gefecht beginnt und endet mit dem Fechtergruß, einem Akt der Höflichkeit. Danach nehmen die Kontrahenten ihre Kampfstellung ein. In der korrekten Fechtstellung wird der rechte Fuß ca. einen halben Meter vorgesetzt. Gleichzeitig werden die Beine so gebeugt, daß das linke Knie senkrecht über der Fußspitze steht. Der Waffenarm ist leicht gebeugt und die Spitze des Floretts wird auf die Treffläche des Gegners gerichtet.

Mit einem Schritt vorwärts nähert man sich dem Gegner, um die „kriti-sche Distanz" zu erreichen und den Gegner angreifen zu können. Der „Ausfall" ist die Endstellung jeder Angriffsaktion, wobei der Fechter seinen Waffenarm streckt.

Bei allen Fechtaktionen (wie z. B. dem geraden Stoß) ist die Schnellig-keit besonders wichtig, weil die Reaktion des Gegners dadurch leichter zu überwinden ist.

Der Schritt rückwärts hat gewöhnlich den Zweck, die „Sicherheitsmen-sur" zu erreichen, d.h., sich der Bedrohung durch den Gegner zu ent-ziehen. Bei Paraden begegnet man immer mit dem stärkeren, eigenen Klingenteil dem schwächeren des Angreifers.

Nähere Einzelheiten über das Fechten finden Sie in „Die Kunst des Flo-rettfechtens", erschienen im gleichen Verlag.

Hapkido

Die Selbstverteidigungskunst „Hapkido" entstand in Korea vor über 1000 Jahren aus der Hwarang-(„Blumenritter")Bewegung. Die korea-nischen Silben bedeuten: Hap = Harmonie / Ki = Kraft / Do = Weg. Hapkido-Bewegungen sind rund, harmonisch und natürlich. Es wer-den Wurf-, Hebel-, Faust- und Fußtechniken für Angriff und Verteidigung gelehrt. Die Handtechniken (Kwon) entwickelten sich im Süden Koreas, während die Fußtechniken (Tae-Kyon) vorwiegend aus nördlichen Regionen stammen.

Neben dem Selbstverteidigungstraining werden auch meditative Übungen gelehrt, um „Geist und Körper in Einklang zu bringen". Viele koreanische Familien schicken noch heute ihre Kinder in Klöster, damit sie dort die Kunst des Hapkido erlernen. Hapkido ist für jedermann (auch ältere Menschen) geeignet. Oft sind Hapkido-Lehrer in Korea gleichzeitig Heilpraktiker. Beim Hapkido lehrt man eine spezielle Atemtechnik, die dazu dient, die eigene Kraft zu konzentrieren.

Hap-Ki-Do hat sich im Laufe von Jahrhunderten entwickelt und besteht heute aus drei Teilen:

1. Hand- und Faustabwehren, Fußabwehren und Methoden der Waffenabwehr.
2. Verteidigungstechniken, die auf dem Hap-Ki-Do-Prinzip des Kreises beruhen, d.h. Kraft und Gegenkraft ergänzen sich zu einem Kreis.
3. Angriffsmethoden, die auf dem Hap-Ki-Do-Prinzip des Flusses basieren. Das bedeutet, die eigene Kraft wird vor der Aktion wie ein Fluß aufgestaut. Der folgende Angriff gleicht dann dem Abfließen der gestauten Wassermassen.

Beim Hap-Ki-Do werden viele Fußtritte und Sprünge aber auch Fauststöße, Griffe, Würfe und weitere Selbstverteidigungstechniken angewendet. Als Beispiel sei die Hap-Ki-Do-Fußtechnik „Packat-Dari-Chagi" (= im Kreis nach außen treten) erwähnt. Man weicht dem Gegner seitlich aus, legt das Gewicht auf das vordere Bein und beschreibt mit dem hinteren Fuß in einer blitzschnellen Bewegung einen Halbkreis zum Kopf des Angreifers.

Beim Hap-Ki-Do werden auch Bruchtests durchgeführt und Waffentechniken wie z.B. die Handhabung des Kurz- und Langstocks gelehrt. Da Hap-Ki-Do eine Selbstverteidigungskunst ist, gibt es in Korea keine Wettkämpfe. In Europa und Amerika hat man jedoch Demonstrationskämpfe eingeführt, bei denen die Teilnehmer eine gewisse Anzahl von Selbstverteidigungstechniken zeigen, die dem Schwierigkeitsgrad von Schüler- bzw. Meistergraden entsprechen und von einer Prüfungskom-

Abb. 36   Samurai

mission nach einem Punktsystem bewertet werden. Es gibt neun Kup-
und zehn Dan-Grade.

Iai-Do

Diese Sonderform des japanischen Schwertfechtens hat die Fertigkeit
des blitzschnellen Ziehens der Waffe für den ersten entscheidenden
Treffer zum Inhalt.
In plötzlich auftretenden Kampfsituationen hat oft derjenige scheinbar
einen Vorteil, der „zuerst zieht". Was man noch heute in Cowboyfilmen
beobachten kann, galt auch in der Feudalzeit, weil die Krieger damals
nicht mit dem blanken Schwert in der Hand umherliefen, sondern es
beim Auftauchen eines Feindes oder einem Angriff erst (möglichst
schnell) aus der Scheide ziehen mußten.
Iai ist ein simulierter Kampf, bei dem vom Übenden, je nach der vorge-
gebenen Situation, Hiebe oder Stiche gegen imaginäre Gegner ausgeführt werden.
Der Begriff Iai setzt sich aus den japanischen Worten, „iru" = da sein
und „awaseru" = sich vereinigen, zusammen. Iai-Do blickt auf eine
etwa 400-jährige Tradition zurück und wird in verschiedenen Stilrichtungen: Muso-Shinden-ryu, Shin-Kage-Ryu, Omori-ryu gelehrt.
Unter Iai versteht man eine Handlungskette, die sich in fünf Abschnitte
gliedert: Konzentrieren, Ziehen des Schwertes, (symbolisches) Töten
des Gegners, (symbolisches) Abschlagen des Blutes von der Klinge
und Zurückführen des Schwertes in die Scheide.
Blitzschnelles Ziehen, exaktes Treffen und das Zurückführen der
Klinge werden beim Iai als „Form" (Kata) ausgeführt. Iai erfordert hohe
Konzentration und besondere Perfektion im Umgang mit der Waffe.
Das Übungsprogramm der Seitei-Iai besteht aus 10 verschiedenen
Kata, die von Anfängern zunächst mit einem Holzschwert (Bokken) und
später mit dem „Iaito" (einem Metallschwert) ausgeführt werden.
Außerdem werden Schnittübungen (Suburi) gelehrt, denn Iai kann
auch zur Testung von Schwertern benutzt werden.
Nähere Einzelheiten über diese interessante Budodisziplin finden Sie
im „IAI-DO", erschienen im gleichen Verlag.

Jiu-Jitsu

Dieses traditionsreiche japanische Selbstverteidigungs-System entstand aus Verteidigungspraktiken, die die üblichen Kampftechniken der Samurai ergänzten. Hatte ein Krieger keine Waffe zur Verfügung, bediente er sich schon in alter Zeit waffenloser Techniken.

Im feudalen Japan gab es Vorläufer bzw. Parallelentwicklungen solcher Verteidigungskünste, wie z. B. ,,Yawara'', ,,Daito-ryu'', ,,Katori-ryu'' oder ,,Takeno-uchi-ryu''. Der Name Jiu-Jitsu wird seit der Tokugawa Ära in der Literatur erwähnt.

Der Chinese Tsin-Gembin kam 1650 nach Japan und lehrte in Owari eine Selbstverteidigungskunst, die dem späteren Jiu-Jitsu sehr ähnlich war.

Der japanische Arzt A. Yoshitoki erlernte in China die Kunst des waffenlosen Zweikampfes und stellte fest, daß man zur wirkungsvollen Ausführung der Techniken erhebliche Körperkräfte benötigte. Nach Japan zurückgekehrt, beobachtete er an einem Wintertag bei starkem Schneefall einen Kirschbaum und eine Weide. Während die starren Äste des Kirschbaumes brachen, bog die Weide ihre Äste geschmeidig unter der Last und blieb unbeschädigt. Durch diese Beobachtung aufmerksam geworden, kam Yoshitokisan auf die Idee, ein Kampfsystem zu entwickeln, bei dem der Schwächere durch Nachgeben — entsprechend dem ,,Geist der Weide'' — siegen könne.

Nach dieser Beobachtung zog er sich in den Tennango-Tempel in Tsukushi zurück und entwickelte dort, von seinen Kenntnisse der Anatomie ausgehend, 103 Griffe zur Selbstverteidigung. Sein System nannte er ,,Yoshin-ryu'' (Weidenherz-Schule). Die Grundlage seiner Lehre war das Prinzip: ,,Nachgeben, um zu siegen.''

Die japanische Selbstverteidigung wurde im 20. Jahrhundert weltweit unter dem Namen ,,Jiu-Jitsu'' bekannt. ,,Jiu'' bedeutet weich, sanft; ,,Jitsu'' heißt Kunst.

Jiu-Jitsu beinhaltet die Abwehr eines Angriffs unter Ausnutzung von Hebelgesetzen und anatomischen Kenntnissen der Schwachstellen des menschlichen Körpers.

Jiu-Jitsu wurde 1905 von Erich Rahn in Deutschland eingeführt und als „sanfte Kunst" bekannt. Rahn gründete 1906 in Berlin die erste Jiu-Jitsu-Schule Deutschlands, die noch heute existiert! Erich Rahn und der Japaner K. Higashi traten sogar im Zirkus auf und nahmen dort Herausforderungskämpfe gegen jedermann an.

Im Jahre 1907 kamen zwei japanische Kreuzer zu einem Flottenbesuch nach Kiel. Bei dieser Gelegenheit wurde Jiu-Jitsu als Selbstverteidigung vorgeführt. Der anwesende Kaiser Wilhelm II. war davon so angetan, daß er anordnete, für die Militärturnanstalt in Berlin einen Jiu-Jitsu Lehrer einzustellen.

Auf Initiative von Erich Rahn gründeten seine Schüler Alfred Rhode und Max Hoppe 1922 die ersten Vereine in Frankfurt/Main und Berlin. Die Gründung eines „Reichsverbandes für Jiu-Jitsu" erfolgte 1924. Die erste Deutsche Einzelmeisterschaft im Jiu-Jitsu (damals fanden noch Wettkämpfe statt) wurde 1926 in Köln durchgeführt. 1930 gab es bereits mehr als 100 Jiu-Jitsu-Übungsstätten in Deutschland!

Jiu-Jitsu ist heute ein wettkampffreies Körper- und Geistestraining, das der Schulung für den Ernstfall dient. Man übt Griffe und Techniken zur Selbstverteidigung wie Würfe, Hebel und Transportgriffe. Außerdem werden „Atemi" — Schlagtechniken gegen vitale Punkte (z. B. Handkantenschläge) gelehrt.

Das moderne Jiu-Jitsu vermittelt neben dem Selbstverteidigungsaspekt, Geduld und Einfühlungsvermögen beim Umgang mit dem Partner sowie das erforderliche Selbstbewußtsein für den Ernstfall. Man kann Jiu-Jitsu bis ins hohe Alter ausüben (und lernt trotzdem nie aus!).

Aus dem klassischen japanischen Jiu-Jitsu entwickelte sich Ende des vorigen Jahrhunderts der Wettkampfsport Judo.

Abb. 37 Würgegriff (Hokusai)

Judo

Prof. Jigoro Kano, der Begründer des Judo (= der sanfte, geschmeidige Weg, den man im Leben beschreiten soll!), entwickelte diesen Sport aus japanischen Kampf- und Verteidigungskünsten der Feudalzeit. Er hatte sich mit Sumo und mehreren Selbstverteidigungs-Stilen (Tenjin-Shinyo-ryu und der Kito-Schule) beschäftigt und schuf ein Erziehungssystem, das (nach seinen Worten) ,,den Körper auf interessante, zu längerem Studium anregende Weise stärken und gesund erhalten soll und von Männern und Frauen jeden Alters **auch** (!) als Wettkampf ausgeübt werden kann''.

Kano stellte zwei Grundsätze auf, die den pädagogischen Aspekt des Judo in den Vordergrund rückten:
1. Seiryoku Zenyo (möglichst wirksamer Gebrauch der körperlichen und geistigen Kräfte).
2. Jita Kyoei (Wohlergehen für alle durch gegenseitiges Helfen und Verstehen).

Der deutsche Mediziner Prof. Dr. Erwin Bälz, der zwischen 1876 und 1905 an der Kaiserlichen Universität in Tokio lehrte, hatte Vorführungen des bereits 70 Jahre alten Jiu-Jitsu-Lehrers Totsuka gesehen und war davon so angetan, daß er seinen Studenten diese Übungen zur Körperertüchtigung empfahl.

Im Jahre 1882 versammelte einer seiner Schüler, Jigoro Kano, im Tempel Eishoji in Tokio die ersten 10 Judoka und gab der neuen Übungsstätte den Namen ,,Kodokan'' (Schule zum Erlernen des Weges). Nach gründlichem Studium hatte er die alten Selbstverteidigungs-Techniken verbessert, das Brauchbare zu einem neuen System zusammengefaßt und bedenkliche Kampfpraktiken eleminiert, so daß Training und Wettkampf ohne Gefahr möglich wurden.

Obwohl im 19. Jahrhundert (nach der Meiji-Restauration) eine Beschäftigung mit alten Kampfkünsten in Japan als rückständig galt, ermunterte Prof. Bälz den jungen Gelehrten Kano, dieses neukombinierte Zweikampfsystem weiter zu verbreiten und empfahl dem japanischen Unterrichtsministerium, Judo als Körperertüchtigungsmittel zu fördern.

Die Persönlichkeit Kanos und die Überlegenheit des neuen Systems (1886 gewann ein Kodokan-Team einen Aufsehen erregenden Wettkampf gegen eine Jiu-Jitsu-Mannschaft) ließen das Interesse am Judo rasch zunehmen. Als die neue Sportart von der japanischen Regierung anerkannt wurde, umfaßte sie 47 Judokampftechniken und 15 Griffe zur Selbstverteidigung.

Ursprünglich lehrte der Kodokan auch die Selbstverteidigungsmethode ,,Kodokan Goshin-Jitsu''. Dabei wurden Schlag- und Trittechniken auf empfindliche Stellen des Körpers (Atemi-Waza) sowie ,,Kuatsu'' (Die Kunst der Wiederbelebung und Ersten Hilfe) gelehrt. Als Prüfungsfach bei höheren Dan-Graden weist die 1958 vom Kodokan festgelegte ,,Goshin-Jitsu-no-Kata'' noch heute darauf hin.

Judo verbreitete sich zunächst in Japan und wurde Lehrfach an den Schulen. Allmählich entwickelte sich Judo dann zu einer internationalen Wettkampfsportart, die heute von Millionen Menschen beiderlei Geschlechts in allen Erdteilen betrieben wird und seit 1964 Olympische Disziplin ist. Der Kodokan, das Weltzentrum des Judo, residiert inzwischen in einem modernen Hochhaus in Tokyo.

In Deutschland gründete Alfred Rhode 1920 in Frankfurt den ersten Judo-Club. Auch in anderen Städten entstanden Übungsstätten. Nach dem zweiten Weltkrieg (und der Aufhebung des von den Alliierten erlassenen Kampfsportverbots) nahm der Judo-Sport in Deutschland einen steilen Aufschwung. 1952 gründete Alfred Rhode das Deutsche Dan-Kollegium (DDK) — die Vereinigung der Schwarzgurtträger. Heinrich Franzen gründete 1956 einen nationalen Judo-Fachverband.

Judoka trainieren im ,,Dojo'' (Übungshalle). Der Boden des Dojo ist mit (ursprünglich Reisstroh-) Matten (Tatami) ausgelegt. Judoka tragen als Sportkleidung den ,,Judo-Gi'' (Jacke, lange Hose, Gürtel). Der Kenntnisstand des Judoka ist an den unterschiedlichen Farben seines Gürtels ersichtlich. Man unterscheidet fünf Kyu-Grade (gelbe, orange, grüne, blaue und braune Schüler-Gürtel) und 10 Dan-Grade (schwarze und rotweiße Meister-Gürtel).

Die wichtigste Übungsform beim Judo heißt ,,Randori'', das bedeutet freies Üben; Übungskampf. Die Sportler versuchen sich dabei im Stand umzuwerfen oder im Bodenkampf zu besiegen — Schlagen und Treten sind verboten.

Beim Judo werden folgende Technikgruppen gelehrt:
a) Ukemi (Fall-Schule) vorwärts, seitwärts, rückwärts.
b) Nage-Waza (Wurftechnik) Hand-, Hüft- und Fußwürfe, sowie ,,Würfe beim Zu-Boden-gehen''.
c) Katame-Waza (Griff- bzw. Bodentechnik) Halte-, Hebel- und Würgegriffe.

Judo ist eine Zweikampfsportart. In verschiedenen Gewichts- und Leistungsklassen werden regelmäßig Wettkämpfe für Jugendliche, Männer und Frauen ausgetragen. Besonders viele Judoka sind noch im Kindesalter. Judo ist nicht verletzungsträchtiger als andere Sportarten!

Beim Judo-Wettkampf (Shiai) genügt ein Punkt (Ippon) zum Sieg. Man erzielt einen Punkt durch:
a) Einen mit Technik und Schwung ausgeführten Wurf.
b) 30-sekundenlanges Festhalten des Gegners am Boden.
c) Aufgabe des Gegners nach einem Würge- oder Hebelgriff.
Außerdem werden Wettkämpfe durch Wertungen und Bestrafungen entschieden.

Beim Judo werden acht „Formen" (Kata) gelehrt, bei denen jeweils zwei Partner Techniken nach einem festgelegten Bewegungsschema demonstrieren.

Regelmäßiges Judotraining erzieht zu Selbstvertrauen, Rücksichtnahme sowie schnellem Handeln und ist ein ideales Fitnesstraining! Die körperliche Auseinandersetzung mit dem Partner (nach strengen Regeln) formt Charakter und Persönlichkeit, fördert Konzentration und Wohlbefinden und dient der Erhaltung des seelischen Gleichgewichts. Judo bedeutet „lernen durch fühlen" oder „mit dem Körper begreifen"! Der Judo-Sport basiert auf japanischer Kultur und Philosophie. Ein Judo-Prinzip heißt: „Siegen durch Nachgeben"!

Nähere Einzelheiten über den Judo-Sport finden sie in dem 14-bändigen Werk: „Fachbücher für JUDO", erschienen im gleichen Verlag.

Ju-Jutsu

Dieses Selbstverteidigungs-System wurde 1969 in Deutschland zusammengestellt. Es basiert hauptsächlich auf Judo-, Karate-, Aikido- und Boxtechniken und kombiniert diese zu einer „neuen" Verteidigungskunst. Ein zielgerichtetes, regelmäßiges Training soll technische Fertigkeiten schulen sowie Schnelligkeit und Reaktionsvermögen entwickeln. Dem Schüler wird der Grundsatz der Verhältnismäßigkeit der Abwehr gegenüber der Schwere der Angriffshandlung vermittelt.

Beim Ju-Jutsu werden neben Tritt- und Schlagtechniken auch Würfe und Ausheber angewendet. Mit Hand-, Fuß-, Bein- und Genickhebeln kann man einen Angreifer durch (dosierte) Schmerzzufügung zur Aufgabe zwingen. Dafür typische Techniken sind z. B. Drehstreckhebel, Beinhebel, Kreuzfesselgriffe u.a.

Nach entsprechender Vorbereitungszeit können beim Ju-Jutsu Kyu- und Dan-Grade durch Prüfung erworben werden.
Seit einiger Zeit werden auch JJ-Wettkämpfe durchgeführt. Diese Ju-Jutsu-Kämpfe, die auch dem ,,Ernstfalltraining'' dienen sollen, werden mit Hand- und Fußschutz im ,,Leichtkontakt'' ausgetragen. Die erste Deutsche Ju-Jutsu Meisterschaft fand 1987 statt.
Nähere Einzelheiten über diese Verteidigungssportart finden Sie in den Büchern ,,Das Ju-Jutsu Brevier'' und ,,Selbstverteidigung'', erschienen im gleichen Verlag.

Karate

Die Grundidee des Karate stammt aus China, wo ähnliche Kampfprakti- ken schon vor Jahrhunderten gelehrt wurden. Der Legende nach soll der indische Zen-Mönch Bodhidharma, dem die beschwerliche Reise aus seiner Heimat nach China den Wert körperlicher Leistungsfähig- keit vor Augen geführt hatte, ein kombiniertes Körperertüchtigungs- und Verteidigungssystem erdacht haben. Um 520 lehrte er chinesische Mönche im Shaolin-Kloster die Schlag- und Trittschule ,,Shi pa lo han sho''. Diese und ähnliche Kampfkünste verbreiteten sich in China und gelangten auch nach Okinawa, wo sie zum ,,Naha-Te'', dem Ursprung des Karate, weiterentwickelt wurden.
Gichin Funakoshi (1869 - 1957), der Begründer des modernen Karate, studierte diese alte Verteidigungskunst auf Okinawa bei den damali- gen Meistern Itosu und Azato. Sie bildete zusammen mit dem von ihm ebenfalls erlernten ,,Shorin-Ryu'' die Grundlage seines ,,Shotokan- Karate'', das er nach Japan brachte. Funakoshi demonstrierte Karate an der Universität und gründete 1922 die erste Karate-Schule in Tokyo. Er entwickelte den Karatesport weiter und legte besonderen Wert auf erzieherische Aspekte. Dank seiner Bemühungen wurde Karate in Japan schnell bekannt. Nachdem das Shotokan-Karate vom japani- schen Erziehungsministerium offiziell anerkannt war, wurden 1957 japanische Karate-Meisterschaften ausgetragen. 1970 fand die erste Weltmeisterschaft in Japan statt, bei der auch die Gründung der Welt- Karate-Organisation erfolgte.

Das japanische Wort Karate setzt sich aus den Begriffen, „Kara" = leer und „te" = Arm, Hand, zusammen. Karate bedeutet, genau gezielte Schläge, Stöße und Tritte gegen empfindliche Körperstellen des Gegners anzubringen, bzw. solche Treffer (z.B. durch Blocktechniken) zu vermeiden. Im sportlichen Kampf werden die Techniken zwar realistisch ausgeführt, jedoch ca. 1 cm vor dem Ziel gestoppt, um Verletzungen zu vermeiden.

Karate ist ein hervorragendes Training für den ganzen Körper und fördert Gelenkigkeit, Distanzgefühl, Reaktion und Selbstdisziplin.

Karate, „das Prinzip der leeren Hand", kann Wettkampf und sollte immer Erziehungsmittel sein und nicht nur den Körper formen. Die Anwendung technisch-physikalischer und psychologischer Prinzipien sowie konsequentes, selbstkritisches Üben beeinflussen den Schüler auch in geistiger Hinsicht. Durch ständige Wiederholung werden die Techniken sicher beherrscht und intuitiv ausgeführt, wobei eine innere Gleichmut gegenüber der Kampfsituation entsteht. Das oberste Ziel des Karate ist nicht allein der Sieg, sondern ein innerer Reifeprozeß zur Vervollkommnung des Charakters. „Karate ni sente nashi" bedeutet: Im Karate gibt es keinen ersten Angriff, d. h. ein Karatekämpfer beginnt nie eine Aggression.

Das Karatetraining besteht aus Kihon, Kata und Kumite.

Die Kata ist eine Demonstration im Karate gebräuchlicher Abwehren, Schlagtechniken, Fauststöße und Trittechniken gegen einen oder mehrere imaginäre Gegner, die in festgelegter Reihenfolge von einem Akteur (ballettartig) vorgeführt werden. In alter Zeit dienten die Kata als verschlüsselte Kampftechniken auch der Geheimhaltung.

Im Kumite (Freikampf) sind die in der Grundschule (Kihon) erlernten Techniken frei wählbar. Die Kämpfer dürfen ihr technisches und taktisches Können uneingeschränkt anwenden, wobei ein Karateka seine Faustschläge, Stöße und Tritte stets unter Kontrolle halten muß.

Am Schlagpolster (Makiwara) werden Stoßtechniken, am Sandsack Fußtechniken geübt. Hände, Füße, Knie und Ellenbogen werden intensiv trainiert und so gekräftigt, daß sie zu gefährlichen Waffen werden.

Heute gibt es im Karate unterschiedliche Lehrmeinungen und mehrere Stilrichtungen. Sie unterscheiden sich teilweise in technischer Hinsicht und dadurch, daß unterschiedliche Formen (Kata) gelehrt werden:

Abb. 38   Bruchtest

In Tokyo übt die Mehrzahl der Karateka das direkt auf Funakoshi Gichin zurückgehende „**Shotokan Karate**", das sich durch tiefe, weite Stände, präzise Kata-Ausführung, unkomplizierte Techniken, Schlag-kombinationen und schnelle Fußarbeit auszeichnet.

Beim Shotokan-Stil werden klassische Fausttechniken wie Oi-tsuki und Gyaku-tsuki, Blocktechniken und Fußangriffe wie Mae-geri oder Mawashi-geri verwendet.

Um 1930 wurde von Hironori Ohtsuka (1892 - 1982) in Naha auf Oki-nawa „**Wado-ryu**" begründet, das heute besonders in Osaka verbrei-tet ist. Dieser Stil zeichnet sich durch harmonische Bewegungen und Schnelligkeit aus. Ohtsuka führte die Ausweichmanöver beim Karate ein. Die japanische Worte bedeuten: Wa = Frieden, Harmonie; Do = Weg; ryu = Stil. Beim Wado-ryu wird ebenso wie beim Shotokan gelehrt, die Techniken kurz vor dem Ziel zu stoppen.

Chojun Miyagi (1888 - 1952) hatte bei Meister Higashionna studiert und zusätzlich das chinesische Pa-kua (einen inneren Kung Fu-Stil) erlernt. Aus dieser Verbindung entstand sein „**Goju-ryu**" (Hart-Weich-Stil), den er 1929 nach Japan brachte.

Goju-ryu zeichnet sich durch runde Bewegungen und Geschmeidigkeit aus. Da es vom chinesischen Boxen beeinflußt ist, reichen seine Bewegungen von den weiten, tiefen Stellungen des „Weißen Kranichs" bis zu den schnellen, kurzen Bewegungen der Katze. Es werden Tierstellungen (z. B. Neko-ashi-dachi) gelehrt, kleine Sprünge angewendet und besonders auf das Zusammenspiel von Kraft und Sanftheit geachtet. Beim Goju-ryu wird auch meditiert und auf spezielle Atemübungen (z. B. die Sanchin-Kata) Wert gelegt. Die Schüler tragen zeitweise beim Training einen Brustschutz, gegen den die Techniken mit voller Kraft ausgeführt werden können.

Kenwa Mabuni (1889 - 1952), der bei den Meistern Itosu und Higashionna studiert hatte, führte um 1930 „Shito-ryu" in Osaka ein. Sein Stil ist durch kräftige Bewegungen und tiefe Stände geprägt. Besonderes Augenmerk wird auf die Perfektion der Kata gelegt.

Die härteste Karate-Stilrichtung „**Kyokushinkai**" wurde von Masutatsu Oyama begründet. Seine spektakulären Bruchtests (er tötete eigenhändig Stiere und schlug ihnen die Hörner ab!) sind berühmt.

Beim Kyokushinkai ist es im Training und Wettkampf erlaubt, Schläge und Tritte mit voller Kraft auszuführen. Das „Kumite" steht im Vordergrund. Auch Wurftechniken (wie z. B. Fußfeger) sind bei dieser kraftbetonten Vollkontaktsportart gestattet. Die Kämpfer tragen keine Schutzausrüstung. Lediglich Fausttechniken zum Kopf, Handkantenschläge und Fingerstöße sowie Angriffe gegen Unterleib und Rücken sind verboten. Ein Wettkampf wird nach Punkten oder durch K.o. (Kampfziel!) beendet. Es gibt keine Gewichtsklassen, denn ...„in einem ernsten Kampf kann man sich das Gewicht seiner Gegner auch nicht aussuchen".

Bei Gürtelprüfungen im Kyokushinkai werden neben Kata und Kampf bestimmte Bruchtests verlangt. Dieses „Tameshiwara" wird auch vor jedem Kampf ausgeführt.

Nähere Einzelheiten über den Karate-Sport finden Sie in den Büchern „KARATE ... mit bloßen Händen" und „Die 12 Karate Kata", erschienen im gleichen Verlag.

Kempo

Während der Choon-Chew-Dynastie entstand in China ein Verteidigungssystem, bei dem Kopf, Handflächen, Handkanten, Finger, Fäuste, Schultern, Ellenbogen, Knie, Zehen, Fersen und Fußkanten in unterschiedlichen Stellungen eingesetzt wurden. Diese Kunst diente zugleich der Körperschulung und der Selbstverteidigung.

Der Mönch Ta Mo (bekannter unter dem Namen Bodhidharma) wanderte während der Liang-Dynastie (506 - 556) aus Indien kommend nach China ein und verkündete im Shaolin-Tempel in der Provinz Honan die Lehre Buddhas. Als er bemerkte, daß seine durchgeistigten Jünger bei den Predigten vor Erschöpfung einschliefen, ließ er 28 Mönchsübungen und 24 Übungen zum Muskeltraining von seinen Schülern jeden Morgen zur körperlichen Belebung ausführen. Dank dieser Übungen (ein besonderer Schwerpunkt waren Atemtechniken) wurden die Mönche kräftiger und munterer.

Nach dem Tode von Bodhidharma geriet die Kunst, die er gelehrt hatte, fast in Vergessenheit. Während der Yuan-Dynastie (1206 - 1368) trat ein chinesischer Boxer namens Yen, der die alte chinesische Selbstverteidigung ,,Pok-Kek'' (Fausttechniken und Blöcke, verbunden mit blitzschnellem tiefen Ausweichen) beherrschte, in den Priesterstand und zog unter dem Namen Cheh Yuan in den Tempel von Shaolin ein. Er bemühte sich hier um die Neubelebung der von Bodhidharma überlieferten Kunst und erweiterte die Anzahl der Übungen auf 72.

Cheh Yuan, inzwischen Oberpriester in Shaolin, bereiste China und beobachtete auf einer Reise, wie ein alter Mann von einem Wegelagerer überfallen wurde. Der Alte wich dem Angreifer geschmeidig aus und berührte ihn dann mit zwei Fingern, worauf sein Gegner bewußtlos niedersank. Dieser Mann, mit Namen Li, führte Chueh Yuan zu einem weiteren Meister, namens Pai Yu Feng.

Die drei Männer taten sich zusammen und schufen im Shaolin-Kloster die Grundlagen des ,,Shaolin-Tempelboxens'', eines Systems von 170 Bewegungen mit hohen Stellungen, Fußtritten und relativ schnellen Bewegungen.

Pai Yu Feng entwickelte das Tempelboxen weiter, indem er die ,,Tierstile'' hinzufügte und die Anzahl der Übungen auf 181 erhöhte. Er lehrte, daß die gesamte Vielfalt der Techniken in fünf Tierstilen enthalten sei, die mit den fünf Elementen des Menschen (Geist, Atem, Kraft, Knochen und Sehnen) zu einer Einheit verschmelzen müssen.

Der Drachenstil mit einer Vielfalt von Stellungen dient der Verfeinerung von Geist und Körper. Seine fünf Schwerpunkte: Das Herz, die beiden Handflächen und beide Füße müssen so aufeinander abgestimmt werden, daß die Bewegungen denen eines Drachen gleichen, der in der Luft schwebt und sich nach jeder Richtung wenden kann, wobei es bei diesen Übungen auf das Leichte, Bewegliche und Ungezwungene ankommt.

Der Schlangenstil dient besonders der Atempflege. Der Übende versucht, die Tiefatmung zu beherrschen und soll geschmeidig wie eine Schlange sein — in dauernder Bewegung, innerlich ruhig, aber gespannt.

Der Tigerstil bezweckt die Ausbildung und Stärkung der Knochen. Alle Bewegungen sollen leicht und lebendig sein und von den Augen gelenkt, denen des Tigers gleichen.

Der Leopardenstil dient der Ausbildung der Kraft. Man soll eine geduckte Haltung einnehmen. Weil die Krallen des Leoparden kleiner sind, als die des Tigers, werden die Finger gekrümmt und zu einer Halbfaust geformt. Man atmet langsam und ruhig, damit die Kraft den ganzen Körper durchströmt.

Der Kranichstil bildet vor allem die Sehnen (die Muskeln und Knochen verbinden) aus. Kräftige Sehnen (auch im Hals- und Nackenbereich) sollen dafür sorgen, daß der Schüler sicher auf einem Bein stehen kann, denn der Kranich hat die Gewohnheit, auf einem Bein stehend seine Beute zu beobachten, um dann blitzschnell und elegant zuzustoßen. Der Übende soll alles um sich herum vergessen, sich konzentrieren und auf seine Bewegungen achten, um seine Nervenkraft zu stärken. Sein Körper ist locker und gelöst — seine Augen sind offen.

Die Kempo-Techniken (Kempo = Lehre vom Boxkampf) beruhen auch auf den gegensätzlichen Prinzipien des „Yin und Yang" (Abb. 39). Nach taoistischer Vorstellung basiert das Universum auf gegensätzlichen Kräften, die gleichwertig und gleichzeitig vorhanden sind, sich beeinflussen und durchdringen. Der schwarze Teil des Symbols versinnbildlicht das passive und weibliche Prinzip, der weiße Teil das

Abb. 39   Yin/Yang

männliche und aktive. Alles Positive trägt auch Negatives in sich und umgekehrt. Der Ausgleich der Gegensätze im (durch den Kreis symbolisierten) unendlichen Universum findet ständig statt.

Shaolin-Kempo besteht aus einer Mischung von ,,weichen" und ,,harten" Methoden. Etwa 30 % der Techniken basieren auf dem Einsatz der Arme, 70 % auf dem Gebrauch der Beine.

Kempo wurde besonders in der Ming-Epoche gepflegt und in China in mehreren nördlichen und südlichen Provinzen in vielen unterschiedlichen Stilen betrieben und unter Namen wie Chuan Fa oder Kung Fu bekannt.

Im Laufe der Zeit entwickelten und veränderten sich die Kung Fu-Techniken und entfernten sich vom Shaolin-Kempo, das aber noch heute als Selbstverteidigung ohne Waffen fast in seinem Urstil gelehrt wird. Viele unterschiedliche asiatische Selbstverteidigungs-Systeme, die auf Stoß-, Schlag- oder Trittechniken beruhen, gehen auf Urformen des Shaolin-Tempelboxens zurück.

Eine japanische Äquivalente zum chinesischen Shaolin-Tempelboxen wurde um 1930 von Doshin So entwickelt. Seine Kampfkunst, die er ,,Shorinji-Kempo" nannte (Sitz ist der Shorinji-Tempel in Japan), enthält eine harmonische Kombination von weichen und harten Techniken und hat eine starke Verbindung zum Zen-Buddhismus. Faust- und Fußtechniken werden mit Hebel- und Wurftechniken ergänzt, wobei besonderer Wert auf geschmeidige Körperbewegungen (Tai-sabaki) gelegt wird.

Inzwischen wird Shaolin Kempo auch in Europa in einigen Sportschulen unterrichtet.

Kendo

Nach der jahrhundertelangen Entwicklung der Schwertkampftechnik in Japan, die ursprünglich auf die Tötung des Gegners ausgerichtet war, entstand Kendo, ,,der Weg des Schwertes''. Dieser schnelle und bewegliche sportliche Zweikampf mit geringer Verletzungsgefahr, verkörpert neben einer technischen Vollendung der Fechttechnik, geistige und charakterliche Werte.

Kendo wird von Männern und Frauen betrieben. Die Kämpfer sind barfuß und können sich auf der ca. 10 x 10 m großen Kampffläche frei bewegen. Die Kampfzeit beträgt maximal 5 Min. Es gibt keine Gewichtsklassen.

Zum Schutz gegen Treffer rüstet man sich (seit der Mitte der 18. Jahrhunderts) mit Hüftschutz (Tare), Brustpanzer (Do), Fechtmaske (Men) und Handschuhen (Kote).

Mit der Übungs- und Sportwaffe ,,Shinai'' versucht man den Gegner ,,richtig'' (Einheit von Körper, Geist und Schwert!) zu treffen. Das Shinai ist ein ca. 1,15 m langer und 480 g schwerer geschlitzter Bambusstock, der mit beiden Händen geführt wird und das Langschwert simuliert.

Die Grundtechniken bzw. Trefflächen beim Kendo sind:
  Men (gerader Schlag auf den Scheitel)
  Migi oder Hidari Men (Schläge seitlich oberhalb der Schläfe)
  Kote (Schlag zum Handgelenk)
  Do (Schlag zum Rumpf)
  Tsuki (Stich in den Hals)

Abb. 40   Kendo im 19. Jahrhundert (Hokusai)

Alle Hiebe und Stiche werden von einem Kampfschrei (Kiai) begleitet, mit dem man seine Kampfkraft zu steigern beabsichtigt, bzw. die Treffstelle ansagt. Treffer werden von den Kampfrichtern mit Fähnchen angezeigt. Den Sieg erzielt man beim Kendo-Wettkampf durch zwei Treffer „frei von Zweifel und Zögerlichkeit", d.h. mit Entschlossenheit (kikaku).

Zu Übungszwecken werden beim Kendo Schlagübungen (Kirikaeshi) ohne Partner und ohne Ausrüstung durchgeführt. Besonderer Wert wird auf eine korrekte Haltung (Kamae) und den jeweils richtigen Abstand zum Gegner (Mai) gelegt. Das „geistige Auge" des Kendoka ermöglicht eine perfekte Reaktion und das blitzschnelle Erkennen von Angriffschancen.

Kendo fördert die Ausdauer und schult die Selbstbeherrschung. Es erfordert ein hohes Maß an Aufmerksamkeit bei Angriff und Verteidigung und ist daher ein ausgezeichnetes Konzentrationstraining. Die ständige Übung zur Perfektion der Technik formt Körper und Geist. Die traditionsreiche Fechtkunst Kendo ist untrennbar mit der japanischen Kultur und der kriegerischen Geschichte des Landes verbunden. Durch seine geistigen Werte genießt Kendo in Japan hohes gesellschaftliches Ansehen und gehört seit 1911 zum Lehrplan japanischer Schulen.

1912 schlossen sich die japanischen Kendoschulen zur Zen-Nippon-Kendo-Renmei zusammen und begründeten die Nihon-Kendo-Kata, eine „Form", die als Grundlage des modernen Kendo gilt. Der japanische Kendoverband zählt inzwischen ca. 4 Millionen Mitglieder.

Nähere Einzelheiten über Kendo finden Sie in den Büchern „Das ist KENDO" und „Kendo ... Lehrbuch des japanischen Schwertkampfes", erschienen im gleichen Verlag.

Kick-Boxen

Kick-Boxen, anfänglich auch "Full Contact (Karate)" genannt, ist ein junger Kampfsport, der in den siebziger Jahren in den USA entstand. Vom Karate übernahm man die Fußtechniken, wobei die Tritte nicht mehr (wie beim klassischen Karate) kurz vor dem Körper des Gegners gestoppt werden. Die Fausttechniken stammen aus dem Boxsport. Kniestöße, Schienbeintritte (Low-Kicks) und der Einsatz der Ellenbogen sind verboten.

Kick-Boxen wird wie ein Boxkampf im Ring ausgetragen. Ziel des Kampfes ist ein K.o. oder Punktsieg. Jede Kampfrunde dauert zwei Minuten, dazwischen wird jeweils eine Minute Pause eingehalten.

Die Kämpfer tragen zum Kick-Boxen eine moderne Schutzausrüstung: Safety Kick und Safety Punch, Tief- und Zahnschutz. Bei den Amateuren wird zusätzlich ein Kopfschutz getragen. Es gibt mehrere Verbände mit unterschiedlichen Regeln und „Stars".

Eine Vorstufe bzw. abgemilderte Form des Full Contact ist das „Leichtkontakt-Kickboxen" (Semi Contact). Dabei werden die gleichen Techniken wie im Vollkontakt (nur kontrolliert und mit verminderter Kraft) angewendet. K.o.-Schläge zum Kopf usw. sind verboten.

Kobudo

Unter Kobudo (kleine Kriegskünste) versteht man heute die Fertigkeit, mit alten, traditionellen Waffen umzugehen. Die Heimat des Kobudo ist Okinawa. Als die Insel um 1600 besetzt wurde, verboten die Besatzer das Waffentragen. Sie beschlagnahmten alle Schwerter und erlaubten pro Dorf nur noch ein Messer, das zudem noch streng bewacht wurde. Die Einwohner von Okinawa suchten sich mit Gegenständen des tägli-chen Lebens zu verteidigen und setzten ihre landwirtschaftlichen Werkzeuge gegen die bewaffneten Krieger ein.

Die Bauern benutzten ihre Ackergeräte als Verteidigungswaffen, die sie mit karateähnlichen Bewegungen erfolgreich handhabten.

Man benutzte den Dreschflegel „Nunchaku" (zwei mit einer Kordel oder Kette zusammengebundene kurze Holzstöcke) zum Kampf und schützte sich, indem man die Stöcke um sich herumwirbelte oder den Gegner damit angriff. Zu Übungszwecken wurde für diese Waffe die zeremonielle Form „Taira" entwickelt.

Auch die dreispitzige Gabel „Sai" (ursprünglich ein religiöses Symbol) war eine gefürchtete Waffe. Sie wurde insbesondere zur Schwertabwehr bzw. zum Abbrechen der Klinge benutzt. Der (aus Metall gefertigte) „Kriegs-Sai" wurde aber auch als Wurfwaffe eingesetzt. Nähere Einzelheiten über seine Handhabung finden Sie in dem Buch „SAI ... Verteidigung mit der Waffe", erschienen im gleichen Verlag.

„Kombo", die Kunst sich mit einem Stock (Bo, Hanbo) zu verteidigen, übernahm man aus der Tradition buddhistischer Mönche, die ihren „harmlosen" Wanderstab notfalls als wirksame Waffe einsetzten. Man kennt mehrere Kombo-Varianten: Kaji, Kyushakubo und Sanjakubo.

Außerdem kamen der Griff zum Drehen eines Mühlrades „Tonfa" (als Schwertschutz für Unterarm und Ellenbogen) und die ursprünglich aus Holz gefertigte Sichel zum Reisschneiden „Kama" zum Einsatz. Weitere alte Waffen sind: Tekko, Timpe und Suriyin.

Die Positionen und Bewegungen beim Kobudo entsprechen in etwa denen des Karate, wobei der Unterschied in der Hinzunahme der Waffe besteht.

Kung Fu/Wushu

International sind heute viele Namen für chinesische Kampfkunstarten gebräuchlich. Ein altes Körperertüchtigungssystem trug den Namen „Chi Kung". Vermutlich ist aus diesem Wort die Bezeichnung „Kung Fu" (harte Arbeit) entstanden, die sich in Europa als Oberbegriff etabliert hat. In China selbst werden die Kampfkünste jedoch anders genannt, sie heißen dort „Wushu".

„Kung Fu" beinhaltet nicht nur Kampfkunst und Körperertüchtigung, sondern auch philosophische und medizinische Aspekte und wurde zur nationalen Tradition in China.

Die Gesundheit und Gelassenheit der Bevölkerung waren in der jahr-tausendealten chinesischen Kultur die Basis zur Entwicklung der inne-ren Stärke des Reiches. Man versuchte die Bevölkerung auch in Frie-denszeiten durch vorgeschriebene, tänzerische Bewegungsabläufe körperlich fit zu halten. Die Übungen sollten die Lebenskraft stärken und die Einheit von Körper und Geist fördern.

Schon zur Zeit des Kaisers Huangdi (3. Jahrhundert v. Chr.) wurden dem chinesischen Volk solche „Tänze" zur Gesunderhaltung verord-net. Daneben gab es die alte Ringkampfkunst „Juedi".

Da man in China glaubt, daß gezielte Bewegung heilen und die Lebens-kraft stärken kann, wurden diverse heilgymnastische Bewegungs-systeme und Atemübungen entwickelt. Eines dieser Systeme erfand der Arzt Hua To (190 - 265). Etwa um die gleiche Zeit wurde in China der Militärsport „Jaoli" eingeführt.

Um 520 kam der 28. Patriarch des indischen Zen-Buddhismus, Bodhid-harma nach China und zog in das Shaolin-Kloster in der Provinz Honan. Er lehrte die Shaolin-Mönche körperliche Übungen, um damit schneller Ermüdung während langer Meditation vorzubeugen und sie körperlich fit zu halten. Wegen der Notwendigkeit, sich verteidigen zu müssen, wurden auch Schläge, Abwehren, Stöße und Tritte sowie uralte Stocktechniken praktiziert, d. h. die Übungen dienten zur Vertei-digung und zur Gesunderhaltung.

Das Shaolin-Kloster, der Entstehungsort des Zen-Buddhismus in China, hatte eine bewegte Geschichte. Es stand mehrmals im Mittel-punkt chinesischer Machtkämpfe, war zeitweise sehr einflußreich und besaß eine eigene Streitmacht. 13 Shaolin-Mönche sollen den Kaiser Li Shih Min gerettet haben. Später verringerte sich der Einfluß des Ordens. Das Kloster wurde gebrandschatzt und schließlich ganz zer-stört. Entkommene Mönche sollen die Gründer chinesischer Geheim-bünde (Triade) gewesen sein. Sie schufen in der Provinz Fukien ein zweites Shaolin-Kloster. Die Klosterschüler legten eine Prüfung ab, die u.a. darin bestand, einen Gang entlang zu laufen, in dem Holzpuppen aufgestellt waren, die mit Fäusten, Messern, Speeren usw. bestückt waren, sich durch das Gewicht des Prüflings in Bewegung setzten und ihn heftig attakierten.

Am Ende des Ganges mußte der Prüfling noch zwei glühende Gefäße wegschieben, wobei ein Drachen- und ein Tigersymbol in seine Arme eingebrannt wurden.

Während der Tang Dynastie (618 - 907) mußten chinesische Offiziere eine Wushu-Prüfung ablegen. In der Ming Dynastie (1368 - 1644) nahm Wushu einen weiteren Aufschwung. Ein berühmter chinesischer General beschrieb damals 16 verschiedene Kampfstile mit bloßen Händen und 40 weitere Stile unter Verwendung von Waffen, denn auch Fechten und Bogenschießen wurden in China gepflegt. Alle diese Stile sind in seinem Buch detailliert erläutert und illustriert. Zum Ende der Han Dynastie entstand das „Lang-Faust-System".

Kung Fu (chin. „eine Arbeit gut ausführen") hat ebensoviel mit Heilgymnastik und körperlicher Ertüchtigung zu tun, wie mit Kampfkunst bzw. Selbstverteidigung. Es dient der Prophylaxe und Heilung von Krankheiten und zur Stärkung der Psyche. Es versucht, alle Teile des Körpers miteinander in Harmonie zu bringen und dadurch gesund zu erhalten. Angriff und Verteidigung, Bewegung und Ruhe, Eleganz und Härte wechseln einander ab. Kung Fu ist in China weit verbreitet, sehr populär und kann erstaunliche Heilerfolge vorweisen.

Kung Fu basiert auf Grundgedanken taoistischer Philosophie: Sanft handeln, aber in der Sache hart bleiben (Wasser besiegt den Stein!) und durch eigene Anstrengung ein inneres Gleichgewicht schaffen.

Wushu läßt sich in zahlreiche Disziplinen unterteilen und beinhaltet eine Vielzahl von Hand-, Fuß- und Waffentechniken. Es wird allein oder zu zweit als Sport betrieben, bzw. Angreifer und Verteidiger üben realistisch und kampfmäßig. Man unterscheidet zwischen offensiven und defensiven Bewegungsformen, inneren (fließend langsamen) und äußeren (kraftvollen, buddhistisch beeinflußten) sowie nördlichen und südlichen Stilen.

Die „weiche" Stilrichtung des Kung Fu soll von dem taoistischen Mönch Chang San Feng begründet worden sein. Stile dieser Art, wie Tai Chi Chuan (24 Schattenboxbewegungen), Pa Kua oder Hsing I basieren auf dem Yin/Yang-Prinzip und lehren nachzugeben oder sich anzupassen. Andere Stile beruhen auf Natur- und Tierbeobachtungen oder mythologischen Grundgedanken und beinhalten auch Kraftanwendung und zähen Widerstand.

Abb. 42   Drachendarstellung

China ist ein sehr großes Land. Die jeweiligen Lebensbedingungen beeinflußten die Entwicklung der Kampfkünste.

In Nordchina (wo auch das Shaolin-Kloster liegt) wirkt der Kampfstil dynamisch und martialisch — die Menschen bevorzugen dort das Direkte. Sie schufen weite Stände und raumgreifende Beintechniken. Die Süd-Chinesen gelten als zurückhaltender und wichen Angriffen lieber aus. Sie benutzten tiefe Stände und die kraftvollen Armtechniken des „chinesischen Boxens", um die vitalen Punkte des Gegners zu treffen.

Die verwirrende Vielfalt der unterschiedlichen Stile und Lehrmeinungen ist kaum überschaubar. Man kennt den Betrunkenenstil und diverse Tierformen (Tiger-, Leoparden-, Schlangenstil usw.) sowie Langfaust- und Schwertformen. Manche Kung Fu-Anhänger üben ihre Techniken an holzpuppenartigen Trainingsgeräten oder auf Pfählen stehend.

Hsing-I ist einer der bekannten inneren Stile des chinesischen Boxens, wobei die Treffer den Gegner auf kürzestem Weg erreichen sollen und Bewegungen von 12 Tieren nachgeahmt werden.

Pa-kua, ein weiterer innerer Stil, basiert auf den acht Wegen des I-Ging. Beim Hung Gar Kung Fu, einem südlichen Stil, der von Hung Hee Gung begründet wurde, kennt man folgende Formen: Fuk Fu Kune (Das Zähmen des Tigers) und Fu Hok Sheong Yin (Die Tiger-Kranich-Form).

Abb. 43 Affenstil

Das Adlerklauen-Kung Fu, ein nördlicher Stil, wurde von General Yao Fei (1103-1141) begründet.

Choy Li Fut (von Chang Heung aus King Mui begründet) bedeutet: „Die südchinesischen Pranken" und pflegt die Holzpuppenarbeit.

Das System des Weißen Kranich hat sich aus Kampfübungen tibetanischer Lama-Mönche (Lama-Pai) entwickelt, zeichnet sich durch weite, geschwungene (aus der Hüfte geführte) Armtechniken aus und fördert das Gleichgewichtsgefühl.

Der Affen-Kung Fu-Stil soll schon in der Ching-Dynastie von Ma Chi Hao begründet worden sein. Einer seiner Schüler schuf die „36 Wege des Affen" (Sanshi-liu How tao), d. h. die Grundlage des heutigen Affenboxens. Daraus entwickelten sich im Laufe der Zeit zwei weitere Systeme: T'ai Shing Pa Kua (Der Affen-Stil der acht Diagramme) und How Ch'uan Pai (Der Affenfaust-Stil). Charakteristisch für das Affenboxen ist die vielseitig anwendbare, gekrümmte „Affenklaue" und die Art, wie man mit dem ganzen Körper Mimik und Verhalten eines Affen nachahmt. Hinter den lustig aussehenden Bewegungen verbergen sich jedoch gefährliche Schlagtechniken, Fußtritte zum Körper und Kopf sowie Rollen und Überschläge.

Ch'ang Ch'uan, der islamische Lang-Hand-Stil, besteht aus Techniken, die persische und arabische Kaufleute importierten und Kampfkünsten der Hui (einer nationalen Minderheit in China) die sich damit vermischten.

Shuai-Chiao, einer der ältesten Kung Fu Stile Chinas, beinhaltet auch die Kunst des Werfens. Dieses chinesische Ringen soll der Vorläufer jener Kampfkünste gewesen sein, aus denen sich Jiu-Jitsu und Judo entwickelten.

Wing Tsun, ein südlicher Stil, soll von der buddhistischen Nonne Ng Mui begründet worden sein, die ihr Wissen an das Mädchen Ving Tsun weitergab. Mit Hilfe dieser vor ca. 250 Jahren entwickelten Kampfkunst soll man sich ohne große Körperkräfte oder besondere Gelenkigkeit wirkungsvoll (durch Entspannen und Nachgeben) schützen können. Ein Prinzip des Wing Tsun ist es, die Distanz zum Gegner möglichst schnell zu überbrücken, um die Bewegungsfreiheit seiner Arme und Beine zu blockieren. Ein weiteres Prinzip ist die Gleichzeitigkeit von Angriff und Verteidigung. Bei dieser Kampfkunst gibt man der Intuition den Vorzug vor festgelegten Techniken.

Beim Gottesanbeterinnen-Stil spielt die ,,Gottesanbeterinnen-Kralle'', die zum Abfangen des gegnerischen Arms und zum Schlagen auf vitale Punkte eingesetzt wird, eine besondere Rolle.

Beim Drachenstil werden Bewegungen dieses Fabeltiers, wie Drehen, über den Wolken fliegen und mit dem Schwanz peitschen, imitiert. Der Drachenstil fördert die Bewegungskoordination und weckt die Lebensenergie.

Kung-Fu/Wushu wird in China schon seit Jahrhunderten praktiziert. Morgens sieht man in den Parkanlagen Heere von Wushu-Anhängern. Neben älteren Menschen üben auch viele junge Leute Wushu. Sie prägen sich die Übungen reflexartig ein, um sich gesund und fit zu halten. Wushu ist heute in China Nationalsport. In jeder Provinz gibt es Wushu-Sportstätten und -Kurse. Es wird als Schulsport, an Universitäten und von professionellen Teams (auch in Form eines Waffensparrings) ausgeführt. Jedes Jahr werden in China viele Wettbewerbe und Wushu-Meisterschaften abgehalten, bei denen Junge und Alte ihre Künste demonstrieren. Dabei werden entweder ganze Folgen von Bewegungsabläufen gezeigt oder einzelne Zweikampfübungen. Es kommen alle wichtigen Kampfbewegungen wie Stöße, Drehungen, Sprünge, Schläge, Ausweichmanöver etc. vor. Die Übungen werden meist locker und mit natürlicher Eleganz vorgeführt.

Solche Kampfdarstellungen werden auch auf der Bühne (Peking-Oper) und in der chinesischen Akrobatik verwendet. Besonders berühmt ist der Löwentanz, der von den einzelnen Kung Fu-Schulen unterschiedlich vorgeführt wird und ein Symbol für Glück und Ansehen ist.

Sollen die Wushu-Bewegungen dem Zweikampf dienen, werden sie entsprechend schneller und härter ausgeführt. Angriff und Verteidigung erfolgen gleichzeitig, um einen Gegner unschädlich zu machen. Perfektes Wushu heißt: Traumwandlerische Beherrschung von Griffen, Sprüngen, Stößen, Schlägen und Tritten. Die Aneignung kämpferischer Tugenden ist dabei ebenso wichtig, wie die Vollendung der Technik.

Nähere Einzelheiten über die Kung Fu-Praxis finden Sie in dem Buch „Kung Fu, das chinesische Boxen", erschienen im gleichen Verlag.

Kyudo / Bogenschießen

Die Kunst des Bogenschießens ist fast so alt, wie die Menschheit. Der Bogen übertraf in Wirkung und Reichweite Schwert und Speer und sandte den Tod aus der Ferne, ohne daß der Schütze sich zu zeigen brauchte. Seit frühesten Menschheitstagen diente der Bogen aber nicht nur als Jagd- und Kriegswaffe — die angerissene Sehne führte auch zur Entstehung von Zupf- und Saiten-Instrumenten.

Die ältesten gefundenen Pfeilspitzen werden auf ein Alter von über 50.000 Jahren geschätzt. Vor etwa 10.000 Jahren entstanden Höhlenzeichnungen, die steinzeitliche Jäger beim Bogenschießen darstellen.

Die ältesten schriftlichen Dokumente über den Gebrauch von Pfeil und Bogen stammen aus der ersten chinesischen Dynastie „Hsia" (etwa 1800 v. Chr.).

In allen Kulturkreisen erzählt man Geschichten um Pfeil und Bogen: Odysseus vollzog seine Rache mit dem Bogen. Xerxes drohte den

Griechen, daß seine Pfeile den Himmel verdunkeln werden, was den gegnerischen König Leonidas zu dem Ausspruch veranlaßt haben soll: „Dann werden wir eben im Schatten kämpfen".
Die asiatischen Reitervölker hatten als Hauptwaffe Bögen, deren Durchschlagskraft so groß war, daß Schilde und Panzer durchschossen wurden. Aber auch indirekt geschossene Pfeilwolken, Brand- und Giftpfeile erzielten in mancher Schlacht ihre schreckliche Wirkung.
Die Erfindung der Armbrust im 11. Jahrhundert erhöhte die Durchschlagskraft der Geschosse durch vergrößerte Zugkraft und verringerte die Ausbildungszeit der Schützen. Jedermann konnte diese Schußwaffe nun relativ leicht benutzen, was das 2. lateranische Konzil veranlaßte, den mit Acht und Bann zu bedrohen, der mit der Armbrust auf Christenmenschen schoß.
Pfeil und Bogen überdauerten zunächst die Erfindung der ersten Handfeuerwaffen (um 1520), denn ein guter Schütze konnte in der Zeit, die man zum Laden und Zünden einer Arkebuse benötigte, seinen Bogen bis zu 36-mal schnellen lassen und übertraf damit die damaligen pulvergetriebenen Waffen an Geschwindigkeit und Genauigkeit.
Der bisher weiteste Pfeilschuß durch den Sultan Selim überbrückte 1798 in Konstantinopel eine Entfernung von ca. 900 m. Der heutige Rekord liegt bei 700 m — ein Zeichen dafür, daß auch moderne Werkstoffe die kunstvolle Bauweise eines türkischen Reflexbogens (aus Horn und Stiernacken-Sehnen) nicht übertreffen. An dieser Stelle sei auch auf den Rekord des Japaners Yamada Gumbe hingewiesen, der mit seinem Kyudo-Bogen die Distanz von 450 m überbrückte.
Beim Toshiya-Wettbewerb in Japan schießt ein Schütze 24 Stunden lang über eine Distanz von 118 m. Wasa Daichiro schoß dabei durchschnittlich alle 6,5 Sekunden einen Pfeil ab und traf mit 13053 Pfeilen 8133 mal sein Ziel.
In Europa setzten besonders Franzosen und Engländer Bogenschützen bei der Kriegsführung ein. Die Polen spannten ihre Bögen 1807 im Kampf gegen Napoleon das letzte Mal für kriegerische Zwecke.
1900, bei den olympischen Spielen in Paris, trafen sich erstmals Bogenschützen aus aller Welt zum friedlichen Wettkampf, der 1904, 1908 und 1920 wiederholt wurde. Nach einer Pause von 52 Jahren war diese klassische Waffe dann 1972 in München beim Kampf um olympische

Ehren wieder zu finden. Olympia-Sieger wurde John C. Williams, der das im gleichen Verlag erschienene „Lehrbuch des Bogensports" verfaßte.

Die japanische Variante des Bogenschießens, das heutige Kyudo (Kyu = Bogen, Do = Weg) beinhaltet nahezu alles, was im Laufe der Geschichte bei der Auseinandersetzung des Menschen mit dem „gefiederten Tod" entstand: Zeremonielle Formen, Beschwörungstechniken, eine spezielle Bogenschießtechnik und -bauweise sowie schließlich die ästhetische und philosophische Überformung mit Gedanken des Shinto und Zen.

Kyudo, ursprünglich eine todbringende Kriegskunst, dient heute dem Kampf gegen sich selbst. Ruhe und Ausgeglichenheit sind die unabdingbaren Voraussetzungen für richtiges Schießen und Treffen. Wenn die Spannung des Bogens am stärksten ist, muß die innere Ruhe des Schützen am größten sein!

Die ersten Darstellungen des asymmetrischen Kyudo-Bogens mit seinem Verhältnis von oben 2 zu unten 1 finden sich bereits auf Bronzen aus dem 3. Jahrhundert. Auch in dem chinesischen Geschichtsbuch „Gi-Shin-Toi-Dan" (das etwa zur gleichen Zeit entstand) steht, daß die Leute des Landes Wa (Japan) solche Bögen benutzten.

Während der Kofun-Zeit (300 - 645 n. Chr.) wird dieser Bogen sowohl als Jagdwaffe benutzt als auch den Göttern als heiliges Symbol der Stärke dargebracht. Aus dieser Zeit wird berichtet, daß Mutoku Tenno einen eisernen Schild erhielt, der jedoch von einem japanischen Pfeil durchbohrt wurde.

Unter dem Einfluß des konfuzianistischen China während der Hakuho-Zeit (645 - 710 n. Chr.) wird das Bogenschießen in die höfischen Sitten eingeführt und bei verschiedenen Zeremonien benutzt. Konfuzius: Ein erfolgreicher Bogenschütze muß ein Mann von Tugend sein! Diese Periode Japans folgte auf die Zeit der Einführung des Buddhismus durch den Prinzen Shotoku Taishi (574 - 622 n. Chr.). Er gilt als der Gründer der ersten japanischen Bogenschieß-Schule, der „Taishi-Ryu".

Einige andere, später gegründete Bogenschießschulen, wie die „Heki-Ryu", die „Ogasawara-Ryu" und die „Honda-Ryu", blieben bis heute bestehen. Die Entstehung solcher „Ryu" (jap. = Schulen) hatte ihre

Ursache darin, daß Japan lange Zeit in viele kleine autonome Gebiete zersplittert war. Jeder Gebietsfürst hatte seine eigene Streitmacht und benötigte Experten zur Ausbildung seiner Krieger. Hatte ein besonders guter Fechter oder Schütze viele Schlachten überlebt, war er als Waffenmeister prädestiniert und konnte seine eigene hochentwickelte Technik bzw. seinen Kampfstil als ,,Ryu'' (meist unter Voranstellung seines Namens) weitergeben.

In dieser Zeit war die hohe Verehrung, die man ,,alten Meistern'' entgegenbrachte, sehr einleuchtend: Wer viele Gefechte gewonnen, d.h. überlebt hatte, mußte wohl weise sein. Ein wahrer Meister, frei von Zweifel und Angst, hat keine Feinde mehr und erreicht den Zustand des Friedens. ,,Yumi no kokoro'' (der durch das Bogenschießen geborene Geist) wird dann wichtiger als das Treffen des Pfeils.

Nach dem zweiten Weltkrieg vereinigten sich die Kyudo-Schützen im ,,Zen-Nihon-Kyudo-Renmei'', dem alljapanischen Kyudo-Verband.

Inzwischen gibt es eine Vielzahl von Einzelwettbewerben und Mannschaftskämpfen in Japan und Europa. Es wird auf das in 28 m Entfernung aufgestellte ,,O-Mato'' oder auf das 60 m entfernte ,,Enteki-Mato'' geschossen. Neben dem Zielschießen wird zu bestimmten Anlässen auch ein ,,Zeremonieschießen'' ausgeführt. Anfänger schießen zunächst auf das ,,Makiwara'', eine Strohrolle.

Man unterscheidet Scheibenpfeile, Kriegspfeile und Brandpfeile, die beim ,,Hanare'', dem Auslösen des Schusses davonfliegen, während der Schütze noch voller Konzentration beim ,,Zanshin'' das Zurückkehren der Gedanken erfährt.

Nähere Einzelheiten über die Kunst des japanischen Bogenschießens finden Sie in dem Buch ,,Kyudo'', erschienen im gleichen Verlag.

Ninjutsu

Vor Jahrhunderten entstanden im feudalen Japan (z. B. in der Provinz Iga) ,,Ninja-Familien''. Die Ninja (Schattenkrieger) führten, bewaffnet oder unbewaffnet, Attentate und Sonderaufgaben aus, betätigten sich als Kundschafter und Spione und behaupteten sich in unwegsamen Regionen. Sie waren keine regulären Krieger, nahmen nicht an

Abb. 44   Ninja (Hokusai)

Schlachten teil und fühlten sich nicht an den Ehrenkodex der Samurai gebunden. Bereits um 600 bediente sich Prinz Taishi der Ninja und Kunoichi (weibliche Ninja) als Kundschafter.

Die einzelnen Ninja-Clans entwickelten unterschiedliche, komplexe Selbstverteidigungspraktiken bzw. Stile (z.B. die Togakure-Ninjutsu-Ryu), die von Kindheit an geübt, innerhalb der Familie weitergegeben und streng geheim gehalten wurden. Sie paßten sich mit Geschick ihrer Umgebung an und verwendeten spezielle Waffen bzw. Werkzeuge, wie z.B. das Blasrohr (mit vergifteten Pfeilen!) oder ein Seil mit Wurfanker (Kaginawara), das sie zum Klettern und als Waffe benutzten. Typische Ninjawaffen sind der handliche Wurfstern ,,Shuriken'', der früher häufig vergiftet eingesetzt wurde (Siehe das Buch: ,,Shuriken'', erschienen im gleichen Verlag) und der ,,Shogei'', ein Dolch mit Haken, Kette und Eisenring.

Die Ninja benutzten bestimmte Überlebensstrategien, galten als Meister der Tarnung und waren wegen ihrer speziellen Kampfkünste (Ninjutsu) gefürchtet.

Bei ihren Einsätzen benutzten sie unbewaffnete Kampftechniken (Tai-jutsu), Schwerttechniken (Ken-po), Speertechniken (Yari-jutsu) sowie Kette und Sichel (Kusarigama). Sie verwendeten Wurfgeschosse

(Shuriken-jutsu) und benutzten auch Feuer, Handfeuerwaffen (Teppo) und Sprengmitteln (Kajutsu) sowie weitere Geheimkünste. Seit einigen Jahren ist ,,Ninpo'' auch in Europa bekannt geworden. In Deutschland fanden inzwischen mehrere ,,Ninja-Festivals'' statt.

Pencak Silat

Diese Sportart ist in Indonesien (besonders auf Java und Sumatra) und in Malaysia beheimatet und wird dort schon an der Schule gelehrt und bei der Polizei betrieben. Das malayische Silat unterscheidet sich teilweise vom indonesischen. Beiden ist gemeinsam, daß die Bewegungen zunächst langsam und genau und erst danach schnell geübt werden.

Das traditionelle Pencak Silat (indonesisch = kunstvolles Kämpfen) hat tänzerischen Charakter. Angriffe werden elegant durch Ausweichen und Ableiten der Kraft des Gegners abgewehrt. Die ästhetischen Eröffnungsphasen eines Kampfes und der schnelle Wechsel zwischen hohen und sehr tiefen Stellungen sind typisch für Silat.

Pencak Silat beinhaltet eine Vielzahl von Angriffs- und Verteidigungsbewegungen: Schlagtechniken (Sodokan), Tritte (Tendangen) und Abwehrtechniken (Tangkisan) sowie Blöcke, Würfe, Griffe und Hebel. Blitzschnelle Anspannung und Entspannung wechseln einander ab. Ein Merkmal des Pencak Silat sind die fließenden Bewegungen und das Ausweichen (Elak).

Der Schüler erlernt zunächst die Schrittbewegungen (Tangkah) und die Grundbewegungen (Passang). Danach lernt er, die natürlichen Waffen des menschlichen Körpers optimal einzusetzen. Finger, Fäuste, Ellenbogen, Knie, Kopf und Füße greifen jeweils bestimmte Ziele an: Der gekrümmte Zeigefinger z.B. das Auge, die Handkante den Hals usw. Man wendet Stoß- und Schlagtechniken, Hebel- und Festlegegriffe an. Es werden auch Partnerübungen gelehrt, bei denen ein Kämpfer mit einer beliebigen Technik angreift und der andere zweckmäßige Abwehren ausführt (wobei vor allem Dreh- und Ausweichbewegungen vorkommen) und zum Gegenangriff übergeht. Das Partnertraining mit einem oder mehreren Partnern (Sambut) soll auch der Mobilisierung der inneren Energie (Ilmu) dienen.

Es gibt (ähnlich wie beim Kung Fu) mehrere Stilrichtungen beim Silat, z. B. Gayong Chekak Perpi Mataram und Silek Tuo. Manche Angriffs- und Abwehrbewegungen imitieren das Verhalten von Tieren wie Tiger, Schlange oder Affe.

Beim Training werden auch Waffen (Kris, Stock) benutzt, die Kunst vitale Punkte anzugreifen (Rahsia) gelehrt und Formen (Silat Seni) geübt.

Man unterscheidet zwei Übungsrichtungen:

1. Pulut, die tänzerisch, artistische Form des Silat, die man (mit Musikbegleitung) bei Festen aufführt, wobei auch Waffenspiele und der Dolchkampf vorgeführt werden.

2. Buah, den Kampf.

Beim Wettkampf, der vom 1948 gegründeten indonesischen Dachverband (IPSI) organisiert wird, werden Schutzwesten getragen.

Der Kampf geht über zwei oder drei Runden mit einer Kampfzeit von 2 Minuten. Tritte und Schläge sind nur oberhalb der Gürtellinie erlaubt; Kopfangriffe sind nicht gestattet. Es werden auch Wurf-, Griff- und Hebeltechniken angewendet. Punktwertungen gibt es für Treffer, Abwehren, Wurf- und Hebeltechniken.

Eine Besonderheit der Kampfregeln besteht darin, daß für besonders gut gelungene Techniken Zusatzpunkte vergeben werden, so daß stilistisch gute Kämpfer im Vorteil sind.

Ringkampf

Ringen ist eine der ältesten Sportarten der Welt! Schon im Altertum war das Ringen weit verbreitet und in verschiedenartiger Weise entwickelt. In den ägyptischen Königsgräbern von Beni Hassan wurden über 4000 Jahre alte Wandzeichnungen entdeckt, die erstaunlich perfekte Ringkampfgriffe zeigen. Einige davon werden noch in der heutigen Ringkampfschule angewendet.

Schon vor unserer Zeitrechnung war Ringen eine Disziplin bei den antiken olympischen Spielen und Teil des griechischen Fünfkampfes

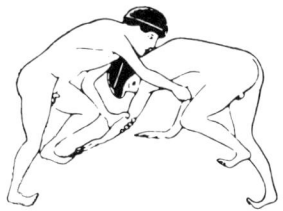

Abb. 45   Antike Ringer

(Pentathlon). Die damalige Ringkampfpraxis entsprach ungefähr unserer heutigen, beschränkte sich aber zunächst auf den Standkampf. In Mitteleuropa entwickelte sich das Ringen im Mittelalter zu einer volkstümlichen Kunst. Zu dieser Zeit entstand auch die erste deutsche Ringkampf-Literatur. 1537 erschien die ,,Ringerkunst'' von Fabian von Auerswald. In der Neuzeit trugen besonders F.L.Jahn und J. Guts-Muths zur Verbreitung des klassischen Ringens als Körperertüchtigungsmittel bei. Der heutige freie Ringkampfstil hat seinen Ursprung in England und verbreitete sich von dort um die Welt. Der deutsche Athletenbund wurde bereits 1891 gegründet! Heute sind die Ringer im Deutschen Ringer-Bund zusammengeschlossen. Er vertritt Deutschland in der Federation Internationale de Lutte Amateur (FILA), unter deren Aufsicht jährlich Welt- und Europameisterschaften durchgeführt werden. Die Meisterschaften finden im griechisch-römischen und im freien Stil statt.

Ringen ist eine saisonunabhängige Sportart, die auf kein bestimmtes Lebensalter beschränkt ist und sowohl von Kindern als von ,,Alten Herren'' mit Eifer und Freude betrieben wird.

Die Kampfstellung hat beim Ringen eine besondere Bedeutung. Nur durch eine gute Kampfstellung kann man das Gleichgewicht des Gegners brechen und sich selbst günstige Voraussetzungen zum Griffansatz schaffen.

Für den Ringer ist Kraft und Ausdauer ein wichtiger Faktor, um seine Höchstleistung zu erreichen und zu steigern. Die Beherrschung der ,,Ringer-Brücke'' ist für ihn ein wichtiges Verteidigungselement.

Beim Ringen im freien Stil unterscheidet man:
Das Ringen im Stand
Das Ringen am Boden.
Beim Ringen im Stand werden folgende Freistilgriffe angewendet:
1. Hüftschwünge
2. Armschwünge
3. Beingriffe
4. Ausheber
5. Kontergriffe
Das Ziel des Bodenkampfes beim Ringen ist das ,,Schultern'' des Gegners. Daher versuchen beide Ringer möglichst eine Bauch- bzw. Banklage einzunehmen. Wer sich dabei über seinem Gegner befindet, ringt ,,in der Oberlage''. Wer sich gegen den über ihm befindlichen Gegner verteidigt, kämpft ,,aus der Unterlage''.
Beim Bodenkampf unterscheidet man folgende Techniken:
In der Oberlage
1. Wendegriffe
2. Ausheber
3. Einsteiger
Aus der Unterlage
1. Wendegriffe
2. Wälzer
Die zentrale Kampffläche beim Ringen ist kreisrund! Die Wettkampfregeln besagen, daß beim Ringen im freien Stil das Fassen des Gegners und die Anwendung aller Griffe vom Scheitel bis zur Fußsohle erlaubt sind.
Die Kleidung besteht aus dem ,,Ringertrikot'', das aus einem Stück gefertigt sein muß. Es wird in zwei Kampfabschnitten á 3 Minuten mit einer Pause von einer Minute in mehreren Gewichtsklassen gerungen.
Man kann Schulter- oder Punktsiege erringen:
Ein Schultersieg ist erreicht, wenn der Gegner 1 Sekunde mit beiden Schultern auf der Matte festgehalten wird.
Ein Punktsieg wird für einen Vorsprung an Kampf- oder Verwarnungspunkten am Ende der Kampfzeit erteilt.
Nähere Einzelheiten über den Freistilkampf finden Sie in dem Buch ,,Der Ringkampf'', erschienen im gleichen Verlag.

Sambo

Der Kampfsport hat bei den Völkern der ehemaligen UdSSR eine lange Tradition. Die volkstümlichen Ringkampfarten in den früheren Unionsrepubliken unterscheiden sich zwar durch ihre Kampfregeln, werden aber fast überall mit Jacke oder Gürtel durchgeführt.

Die Geschichte des Sambo beginnt mit dem russischen Professor Oschenkol, der damals die Länder der Sowjetunion, aber auch Japan, Korea und China bereiste und bereits 1917 eine Kampfsport-Kombination aus verschiedenen nationalen und asiatischen Sportarten entwickelte.

In den dreißiger Jahren führte man diese kombinierte Art des Ringkampfes in der gesamten UdSSR offiziell ein. Seit 1946 nennt man den neuen Kampfsport „Sambo".

Abb. 46   Sambo Technik

Der Name wurde aus den ersten drei Buchstaben des Wortes **Samo**saschtito (Selbstschutz) und den Anfangsbuchstaben von **bes** oruschija (ohne Waffe) gebildet.

Inzwischen gibt es mehrere Millionen Sambo-Aktive.

Sambo, eine besondere Form des Freistilringens, ist ein unbewaffnetes Wettkampf- und Verteidigungssystem. Seine Kampf- und Spezialgriffe dienen dazu, sich sportlich zu betätigen oder sich zu verteidigen bzw. im Nahkampf erfolgreich anzugreifen. Sambo entwickelt Kraft, Ausdauer und Schnelligkeit sowie den entschlossenen Willen zum Sieg. Als Selbstverteidigung wird Sambo in normaler Kleidung ausgeführt, als Sport mit Ringerschuhen, kurzen Hosen, Gürtel und Jacke. Wichtige Elemente des Sambo sind die Fall- und Wurftechnik. Gerne werden auch Hebeltechniken und Ausheber angewendet. Würgetechniken sind verboten.

Man teilt Sambo in zwei Sparten ein:
a) Sportkampftechniken
b) Militär- bzw. Selbstverteidigungstechniken.

Es werden Einzel- und Mannschaftsmeisterschaften für Männer und Allunions-Wettbewerbe für Jugendliche ausgetragen. Ein Wettkampf dauert sechs Minuten. Als Graduierungen kennt man 6 - 1 Schülergrade (Rasrat) und 1-5 Meistergrade.

Durch die sportlichen Erfolge sowjetischer Sportler (z. B. bei Judo-Wettbewerben) erregte Sambo in den sechziger Jahren auch im Ausland Aufsehen.

1966 beschloß der internationale Verband der Amateurringer (FILA), Sambo als dritte internationale Ringkampfdisziplin aufzunehmen. Die erste Weltmeisterschaft fand 1973 in Teheran statt, womit die Kampfsportart Sambo internationale Anerkennung gefunden hat. 1980 wurde Sambo als Demonstrations-Wettbewerb bei der Olympiade gezeigt.

Nähere Einzelheiten über diesen kraftvollen Kampfsport entnehmen Sie dem Buch ,,Sambo-Kampf'', erschienen im gleichen Verlag.

Savate / La Canne

Savate (= alter, abgenutzter Pantoffel) ist eine waffenlose Kampfsportart, die in Frankreich entstanden ist. Sie wurde von Michel Pisseux (1794-1869) begründet. Vorläufer der Savatetechniken findet man bereits im Mittelalter. Die Fußkampfkunst ,,Chausson'' (= Soldatenschuh), die im 19. Jahrhundert von französischen Matrosen betrieben wurde, hat den Savate-Sport beeinflußt und weiterentwickelt.

La Boxe Francaise — Savate besteht aus präzisen Kombinationen von Faust- und Fußtechniken sowie Abwehrschlägen gegen Techniken des

Abb. 47   Französisches Stockfechten

Gegners. Man ist mit einem Trikot bekleidet, trägt leichte Sportschuhe und Fausthandschuhe, die länger und leichter als Boxhandschuhe sind.

Die Fausttechniken ähneln dem Boxen. Man kennt die Gerade (Direct), Cross, Uppercut und Haken. Boxweltmeister Carpentier war ein erfolgreicher Savate-Kämpfer, bevor er Profiboxer wurde.

Die wichtigsten Beintechniken sind der Fußtritt zum Schienbein des Gegners (Le coup de pied bas), der normale Seitwärtstritt (Le chassé), der Seitwärtstritt mit Schritt (Le chassé croise), ein peitschenschlagartiger Halbkreistritt (Le foutté) und der Fersenschlag (Le revers). Beim Savate legt man besonderen Wert auf elegante Bewegungen und eine intensive gymnastische Schulung.

Man kennt drei Übungs- bzw. Wettkampfformen:

1. Assaut, ein technischer Kampf, bei dem kaum Kontakt erlaubt ist.
2. Combat Technique, den Leichtkontaktkampf und
3. Combat Total, den Vollkontaktkampf mit K.o.

Savate-Wettbewerbe, die in verschiedenen Gewichtsklassen ausgetragen werden, gehen über mehrere Runden á 2 Minuten. Würfe, Ellenbogen- und Kniestöße sind ebenso verboten, wie Schläge zum Hals, Rücken oder Genitalbereich. Die höchste technische Auszeichnung in dieser „adligen Verteidigungskunst" ist der „Silberne Handschuh".

1924 wurden sogar Savate-Wettbewerbe bei der Olympiade ausgetragen. Die französische Savate-Föderation gibt es seit 1965.

In Frankreich entwickelte sich im 19. Jahrhundert in Verbindung mit dem La Boxe Francaise — Savate die Stockkampfkunst „La Canne". Dieses Stockfechten erzieht den Ausübenden zu einer guten Haltung und eleganten Bewegungen, die das Training des Savate harmonisch ergänzen.

Beim La Canne werden mehrere Grundstellungen und das Partnertraining gelehrt. Es gibt vier einfache und zwei doppelte vertikale Hiebe sowie zwei horizontale Schlagtechniken, die jeweils mit einer speziellen Armbewegung ausgeführt werden. Trefflächen sind der Kopf, der Körper und die Beine. Neben den Angriffstechniken kennt man auch Abwehrschläge und Ausweichbewegungen. Um die Deckung eines geübten Gegners zu durchbrechen, werden Schlagserien und Finten angewandt.

Der Stock ist eine gute Verteidigung, mit dem man einen Gegner (bei ernsthaftem Einsatz) hervorragend bekämpfen kann. Die Waffe erreicht ihre volle Wirksamkeit, wenn die gesamte Muskulatur von Schulter, Arm und Handgelenk in die Bewegung einbezogen wird. Die Schlagwirkung steigert sich durch Ausholen bzw. die Schnellkraft des Schlagenden.

Die strikte Einhaltung spezieller Kampfregeln ermöglicht einen Wettkampf, der dem Fechten oder Kendo an Eleganz nicht nachsteht. Berühmte Meister wie Lecour, Leboucher und Charlemont haben das Stockfechten populär gemacht.

Schwingen

Das „Schwingen" ist eine althergebrachte, friedliche Zweikampfform typisch schweizerischer Prägung. Die Wurzeln dieses alten Hirten-Wettbewerbs sollen bis in die Steinzeit zurückreichen. Vorläufer des Schwingens sind der schon seit dem 10. Jahrhundert betriebene „Appenzeller Hosenlupf" (bei dem sich die Kontrahenten an den Hosengurten fassen) und das „Entlebucher Rutzen" (= Ringen), bei dem man die Weste des Gegners erfaßt.
Schwing- und Älplerfeste werden in der Schweiz regelmäßig in verschiedenen Städten (Zug, Biel, Lausanne, Baar, Luzern, Aarau u.a.) ausgetragen. Das Training findet mehr in ländlichen Gegenden statt. Die besten eidgenössischen Schwinger treffen sich alle drei Jahre, um den „Schwinger-König" zu ermitteln und mit Eichenlaub zu bekränzen. Diese volkstümlichen Ringkampfwettbewerbe, die ihren Usprung in den traditionellen Hirtenfesten der Innerschweiz haben, finden schon seit dem 18. Jahrhundert statt und sind ein nationales Ereignis von Rang.

Abb. 48   Schweizer Schwingen

141

Die Kämpfe werden im Freien ausgetragen. Es sind nur Amateure zugelassen und es gibt keine Gewichtsklassen. Als Kampfplatz dient eine Sägemehl-Arena. Die Kämpfer tragen derbe, kurze Überhosen aus Leinen, die mit einem Gürtel gehalten werden. Die Schwinger kämpfen im Stand und erfassen sich an der Hose, um den Gegner hochzuheben. Der Griff ins Hosenbein ist ebenso erlaubt, wie das Fassen des Gürtels. Man kennt Griffe, Schwünge und Gegenschwünge. Vor und nach dem Kampf geben sich die Kämpfer zum Zeichen gegenseitiger Achtung die Hand. Die Kampfzeit dauert maximal 10 Minuten. Gewonnen hat, wer seinen Gegner mit dem Rücken oder Gesäß zu Boden bringt, d. h. mit einer gekonnten Technik (Kurzziehen, Langzug, Wyberhaken) in das Sägemehl wirft. Kampfentscheidungen sind: Gewonnen, Verloren oder Unentschieden, wobei die ,,schwingerische Arbeit'' nach Punkten bewertet wird. Der Sieger, der ,,König der Kämpfer'', wird mit einem Eichenkranz belohnt und erhält einen Sachpreis, meist eine Kuh!

Sumo

Das japanische Sumo ist eine alte, traditionsreiche Kampfsportart, die auf einfachen, althergebrachten Regeln beruht. Zwei Männer kämpfen innerhalb eines Kreises und versuchen, sich durch Stoßen, Schieben, Heben oder Werfen, aus dem Ring zu bringen. Verloren hat, wer zuerst den Kreis verläßt oder innerhalb der Kampffläche den Boden mit einem anderen Körperteil als den Fußsohlen berührt. Sumo (jap. = ,,sich wehren'') ist symbolträchtig und soll den ,,Kampf der Naturgewalten'' darstellen.
Der Legende nach sollen die ersten Anfänge des Sumo über 2000 Jahre alt sein. Sumo wird im Kojiki, einer 712 verfaßten Chronik, erwähnt. Nach einer Periode militärischer Förderung und Verwendung verbreitete sich diese Ringkampfkunst in ganz Japan.

Um 1780 wurde der Sumo-Sport auf nationaler Ebene organisiert. Das erste offizielle Sumo-Turnier (genauso wie es noch heute durchgeführt wird) fand während der Kansei-Zeit (1789-1800) in einem Tempel in Kyoto statt. Es wurde einmal im Jahr ausgetragen und dauerte fünf Tage.

Gegen Ende der Edo-Periode (1800-1868) fanden zwei jährliche „Basho" (im Januar und im Mai) in Tokyo statt. Die Anzahl der Kampftage wurde auf 8 und schließlich auf 10 Tage pro Turnier erhöht — Tokyo wurde zum Sumo-Zentrum.

1909 wurde die Kokugi-Halle in Tokyo (Stadtteil Ryogoku) für 14.000 Zuschauer erbaut. Die Länge der Turniere wurde 1923 auf 11 Tage und 1936 auf 13 Tage erhöht. Die heutige offizielle Länge von 15 Tagen pro Turnier wurde 1939 eingeführt.

1948 wurde ein zusätzliches Turnier in Osaka eingerichtet und 1953 noch ein weiteres in Tokyo. Seit 1957 veranstaltet auch Fukuoka auf der Insel Kyushu sein jährliches Turnier. Schließlich kam 1958 noch Nagoya hinzu. Sumo entwickelte sich zum Nationalsport in Japan, der die Massen begeistert und regelmäßig im Fernsehen übertragen wird.

Alle Sumo-Turniere finden in einer Halle statt. Der quadratische Kampfplatz (Dohyo) ist mit Tonerde aufgefüllt und hat eine Fläche von 30 qm. In der Mitte dieses Kampfplatzes, der durch 28 Reissäcke (= Himmelsgestirne) begrenzt wird, liegt der Ring. Er hat einen Durchmesser von 4,57 m und wird ebenfalls durch Reissackschläuche markiert. Über dem Kampfplatz hängt das Dach eines Shinto-Schreins, unter dem sich die Ost- und Westmannschaften gegenübertreten. Vor Kampfbeginn wirft der Sumotori Salz in den Ring und spült sich den Mund mit „Kraftwasser" (Chikara-mizu).

Heute gibt es sechs offizielle 15-tägige Turniere (Honbasho) im Jahr, die für alle professionellen Sumotori in Japan (ca. 700 Ringer) verpflichtend sind. Während dieser Turniere wird eine Rangliste erstellt. Der errungene Platz oder die erreichte Hauptgruppe wird im folgenden Honbasho verteidigt und (wenn möglich) verbessert.

Im professionellen Sumo-Sport werden die Ringer je nach Leistung in mehrere Hauptgruppen unterteilt:

Sekitori: Maku-uchi

Juryo

(Die Maku-uchi Hauptgruppe ist auf 38 Ringer begrenzt)

Maku-shita

Sandan-me

Jo-nidan

Jo-no-kuchi

Maezumo

Die Rangliste beim Sumo ist durch ständiges Auf- und Absteigen der einzelnen Ringer gekennzeichnet. Die in einem Turnier erbrachte Gesamtpunktzahl dient als Grundlage der Rangeinteilung im nächsten Turnier: Jeder gewonnene Kampf bedeutet einen Pluspunkt für den Gewinner und einen Minuspunkt für den Verlierer.

Die etwa 70 Sumo-Techniken lassen sich in drei Kategorien einteilen:

1. Stoßtechniken (Tsuki)
2. Schiebetechniken (Oshi)
3. Grifftechniken (Yori)

Die Stoßtechniken werden mit der offenen Hand gegen Gesicht und Brust geführt. Den Schiebetechniken begegnen die Ringer mit Ausweichbewegungen und Wegdrehtechniken. Beim Publikum sind die Grifftechniken am beliebtesten, bei denen der Gürtel des Gegners erfaßt wird. Dieses Werfen und Ringen dauert meist länger, so daß solche Kämpfe spannender sind.

Beim ,,Honbasho'', dem offiziellen Turnier, finden täglich in der Zeit von 10.30 bis ca. 18.00 Uhr etwa 150 Kämpfe statt. Die meisten Zuschauer erscheinen aber erst gegen 15.00 Uhr, denn um diese Zeit beginnt das farbenfrohe ,,Dohyo-iri'' (Eingangszeremoniell).

Die Berufssumokämpfer leben (meist vom 15. Lebensjahr an) im ,,Heya''. Diese Trainingsgemeinschaften sind häufig in einfachen Holzhäusern untergebracht, die neben einem Trainingsring und einem großen Gemeinschaftseßraum noch mehrere mit ,,Tatami'' (japanischen Reisstrohmatten) ausgelegte Schlafräume enthalten. Ein größerer Heya kann 70 bis 80 Ringer beherbergen. Viele Heya sind untereinander befreundet und bilden sogenannte „Ichimon", die zusammenarbeiten und sich gegenseitig helfen.

Sumo-Kämpfer haben über 150 kg Durchschnittsgewicht! Sie sind außerordentlich kräftig, erstaunlich gelenkig und sehr schnell. Sie essen eine spezielle Kost, die sehr kalorienhaltig ist, aber auch viel Eiweiß und Vitamine enthält. Sie heißt „Chankonabe" und besteht hauptsächlich aus Fleisch oder Fisch. Der Eintopf wird unter Hinzugabe von viel Soya-Soße und Zucker, mit Karotten, Kohl, Zwiebeln und Bohnen zusammengekocht. Die Sumo-Kämpfer essen viel, weil es **keine** Gewichtsklassen gibt und die Standfestigkeit eines Ringers stark vom Gewicht abhängt.

Die Sumotori tragen langes Haar, das zu einem Knoten (in Form eines Gingkoblattes) zusammengebunden wird. Er dient als Schmuck, aber auch als Verletzungsschutz, wenn ein Ringer mit dem Kopf gegen den Gegner prallt oder im Kampf zu Boden fällt.

Die Sumo-Ringer legen ihre bürgerlichen Namen ab und tragen (poetische) „Künstlernamen". Sie sind lediglich mit einem Gürtel (Mawashi) bekleidet, der etwa 9 m lang und 60 bis 70 cm breit ist. Er wird längsseits vierfach gefaltet und dann mehrfach um Taille und Leistengegend gewickelt. Der festsitzende Mawashi ist im Kampf wichtig, da sich die Ringer dort fassen und ausheben können.

Sumo ist „typisch japanisch" — eine uralte Tradition lebt in der Gegenwart fort! Nähere Einzelheiten über diesen Sport finden Sie in dem Buch „Sumo", erschienen im gleichen Verlag.

Taekwondo

Das moderne Taekwondo entstand um 1955 durch Zusammenschluß der größten koreanischen Kampfkunstschulen. Aus jener Zeit stammt auch der Name „Taekwondo", der wörtlich übersetzt „Fuß-Faust-Weg" bedeutet. 1966 wurde die internationale Teakwondo-Federation (ITF) gegründet. Das Taekwondo-Hauptquartier in Korea heißt heute „Kukkiwon".

Taekwondo, die „Kunst (Do) des Fuß- (Tae) und Faust- (Kwon) Kampfes", ist eine intensive und umfassende Körperschulung. Es beinhaltet auch die Selbstverteidigung „Hosinsul", die im Ernstfall besonders wirksam ist. Man kennt den Einschrittkampf (Ilbo-taeryon), den Zweischrittkampf (Ibo-taeryon), den Dreischrittkampf (Sambo-taeryon) und das Sparring (Matsoki). Die Haupt-Wettkampfdisziplinen sind:

1. Formen (Hyong/Poomse)
2. Freikampf (Chayu-Taeryon)

Taekwondo entwickelte sich durch die 1973 erfolgte Gründung der Welt-Taekwondo-Föderation (WTF) zum internationalen Wettkampfsport. Im Vollkontaktsystem kämpfen die Taekwondo-Sportler heute mit Kampfweste und Kopfschutz. Es wird mit voller Kraft geschlagen bzw. getreten. Fußtritte dürfen nur auf die Kampfweste und zum Kopf ausgeführt werden. Faustschläge dürfen nur auf die Kampfweste treffen. Würfe und das Erfassen des Gegners sind verboten.

Jeder korrekt ausgeführte und genügend kräftige Schlag bzw. Tritt der zu einem Treffer führt, bringt einen Punkt. Beim Taekwondo dominieren die oft an Akrobatik grenzenden Fußtechniken. Der Sieger beim Taekwondo-Kampf wird aufgrund der erzielten Punktzahl bestimmt. Der Kampf kann auch mit K.o. enden! Ein Wettkampf geht über 3 Runden à 3 Minuten, mit Pausen von je einer Minute zwischen den Runden. Es gibt 8 Gewichtsklassen.

Insbesondere bei Gürtelprüfungen werden Bruchtests ausgeführt sowie Formen und Selbstverteidigung demonstriert.

Taekwondo ist heute Unterrichtsfach an koreanischen Grund- und Mittelschulen. Seit 1973 (als die erste Weltmeisterschaft in Seoul stattfand) werden Weltmeisterschaften im Taekwondo ausgetragen. Millionen Menschen auf der ganzen Welt üben Taekwondo. In der WTF sind inzwischen über 100 Mitgliedstaaten vertreten!

1988 wurde Taekwondo bei den Olympischen Spielen in Seoul und 1992 in Barcelona als Demonstrations-Wettbewerb vorgestellt.

Nähere Einzelheiten über den Taekwondo-Sport finden Sie in den Büchern „Taekwondo ... die koreanische Nahkampftechnik", „Das Taekwondo Brevier" und „Die 12 Taekwondo Hyong's", erschienen im gleichen Verlag.

Tai Chi Chuan

Das Schattenboxen „Tai Chi Chuan" (eine Hauptrichtung der chinesischen Kampf- und Bewegungskünste „Kung Fu") ist eine sanfte, lockere Bewegungstherapie. Tai Chi bedeutet „das höchste Gesetz"; Chuan heißt Faust.
Die Ursprünge des Tai Chi verlieren sich im Nebel der Mythen und Legenden. Als Begründer des Tai Chi wird der taoistische Mönch Chang San Feng genannt, der im 12. Jahrhundert lebte. In der Literatur wird jedoch schon viel früher von Kampfkünsten berichtet, die Elemente des späteren Tai Chi Chuan enthielten.

Nach einer anderen Entstehungsversion soll Tai Chi als innerer, nördlicher Stil gegen Ende der Ming-Dynastie im Dorf Chenjiagou entstanden sein. In dieser Gegend hatte man zuvor bei zahlreichen kämpferischen Auseinandersetzungen immer schnelle Schläge und Stöße, bzw. kraftvolle Bewegungen angewandt. Nun machte man sich ein Prinzip chinesischer Philosophie zu eigen, wonach das Starke und Harte durch das Schwache und Weiche besiegt wird. Man übte sich fortan in sanften, gemessenen Aktionen, die zu einem rhythmischen und harmonischen Bewegungsfluß aneinander gereiht wurden.

Tai Chi Chuan weist auch viele Ähnlichkeiten mit den im „Quanjing" beschriebenen Stilrichtungen und Kampftechniken auf. Dieses von einem berühmten General der Ming-Dynastie verfaßte Buch, berichtet von 16 verschiedenen Boxschulen. Man vermutet, daß Elemente dieser Boxstile im Tai Chi Chuan zu einer neuen Einheit zusammengefügt und so weiterentwickelt wurden.
Heute unterscheidet man beim Tai Chi mehrere Stilarten, von denen es noch zahlreiche Varianten gibt:
Der traditionsreiche Chen-Stil entstand um ca. 1650 in der Chen-Familie. Andere Stile haben sich aus ihm entwickelt. Die Übungen werden in unterschiedlichen Tempi ausgeführt und wirken kämpferisch.

Der Yang-Stil wird langsam und gelassen ausgeführt — der gesundheitsfördernde Aspekt der raumgreifenden Bewegungen steht im Vordergrund. Er wurde erstmals um 1800 am kaiserlichen Hof von Meister Yang Lu Chan unterrichtet und ist heute in ganz China verbreitet. Als einfache Variante übt man 37 Figuren und 13 Bewegungsabläufe mit und ohne Partner. Die „Form" besteht aus 60 exakt ausgeführten Bewegungen. Diese Ganzkörperbewegungen mit ständigen Gewichtsverlagerungen (drehen, ausweichen, ziehen, wenn man gestoßen wird usw.) und die angepaßte Atemtechnik dienen der meditativen Selbstversenkung, d.h. dem Erleben der inneren Kraft Ch'i. Typisch für den Yang-Stil sind die "push hands", d.h. das gekonnte Wegstoßen des Gegners.
Bei den sanften und kompakten Wu-Stilen werden viele Partnerübungen („schiebende Hände") sowie Schwert- und Lanzentechniken unterrichtet. Auch eine Fächerform wird gelehrt.

Der Sun-Stil zeichnet sich durch die flinke Behendigkeit seiner Akteure aus.

Der Peking-Stil ist eine vereinfachte, einheitliche Form, die heute in China recht populär ist. Es werden 24 Bewegungs-Sequenzen gelehrt, die mit klassischer chinesischer Musikbegleitung geübt werden können.

In Europa wurde Tai Chi Chuan auch unter dem Namen „13 Bewegungsformen" bekannt, womit 8 Grundhaltungen der Hände und 5 Körperstellungen gemeint sind.

Tai Chi ist in der chinesischen und westlichen Medizin als eine sanfte aber wirksame Methode bekannt, um den Kreislauf zu stabilisieren und die Organe zu stärken. Die Entspannung des Körpers erfolgt bei gleichzeitiger Konzentration auf die Übungen.

Grundlegende Übungsziele des Tai Chi sind: Gesunderhaltung, Selbstverteidigung und Meditation. Der Kampfkunst-Aspekt hat beim Tai Chi Chuan eine untergeordnete Bedeutung, ist aber in manchen Angriffs- umd Abwehrbewegungen erkennbar geblieben. An die Stelle von Härte ist eine sanfte Behutsamkeit getreten, die zu Entspannung und Gelassenheit führen soll.

Beim Tai Chi Chuan soll man aufrecht und locker stehen. Die Bewegungen erfolgen aus dem „Tan Tien" (Energiezentrum im Bauch). Mit den Armen und Beinen werden stoßende und ziehende Bewegungen unter Körperdrehungen ausgeführt. Jede einzelne Aktion wird als Ganzkörperbewegung praktiziert. Die Bewegungen erfolgen ohne Kraftaufwand in harmonisch fließenden Bewegungsabläufen und langsamem Rhythmus. Bei allen Übungen wird besonderer Wert auf Gleichgewicht und Geschmeidigkeit gelegt. Man atmet im Einklang mit den Bewegungen.

Tai Chi Chuan ist auf dem Prinzip des Yin und Yang (den zusammenwirkenden und sich bekämpfenden Kräften) aufgebaut: Harte und nachgiebige Bewegungen und Ruhepausen sollen sich harmonisch verbinden.

Die zweckmäßigen Bewegungen von Händen, Unterarmen, Schultern, Hüften und Beinen werden wie ein langsamer Tanz vorgeführt. Man übt allein, zu zweit (als Partnertraining) oder in Gruppen. Kraft und Schnelligkeit spielen keine Rolle, wohl aber die Folge der Bewegungen und die Genauigkeit ihrer Ausführung. Im Tai Chi gibt es 18 Lernstufen, die aufeinander aufbauen. Übende haben daher für viele Jahre Lehrstoff. Von den vielen möglichen Stellungen beherrscht der Ausübende etwa einige hundert.

In den verschiedenen Bewegungsabläufen werden alle Muskeln, Sehnen, Bänder und Gelenke beansprucht. Daher verbessert bzw. bewahrt Tai Chi die Flexibilität des Körpers. Die Einheit von Atmung und Bewegung lassen das ,,Ch'i'' (die Lebensenergie) stetig durch den Körper fließen. Diese Ausgewogenheit der sanften und harmonischen Aktionen ist die Basis zur Erhaltung der Gesundheit und zur Steigerung der vitalen Energie. Tai Chi Chuan soll den Menschen nach dem Motto vervollkommnen:

Geschmeidig wie ein Kind,

stark wie ein Holzfäller

und gelassen wie ein Weiser.

Bei Problemen mit der Wirbelsäule und Verspannungen im Nacken und Schulterbereich dient Tai Chi mit Erfolg der Prävention und Rehabilitation. Tai Chi ist gelenk- und bänderschonend, seine gesundheitsfördernde Wirkung ist unbestritten.

In China betreiben Millionen Menschen, ob alt ob jung, Frauen oder Männer, allmorgendlich in Parks und Betrieben, auf Straßen, Plätzen und Bahnhöfen diese Gesundheitsgymnastik. Tai Chi Chuan ist in jedem Alter erlernbar und in kaum einer anderen Sportart sind so viele ältere Menschen aktiv.

Thai-Boxen

Das Thai-Boxen ,,Muay Thai'' erfreut sich heute in Thailand, vor allem als Profi-Sport, großer Beliebtheit. Es entwickelte sich vermutlich aus alten chinesischen Kampfkünsten, verbreitete sich dann in ganz Thailand und wurde so zum Nationalsport. Die Muay-Thai-Kämpfe (Muay = schlagen, stoßen), die früher auf Marktplätzen ausgetragen wurden, finden heute in eigens dafür errichteten Stadien in einem Boxring statt. Die Kämpfe ziehen große Zuschauermengen an und werden regelmäßig im Fernsehen übertragen. Die erste moderne Sportstätte für Thai-Boxen, das Rajadamnern-Stadion, wurde 1945 erbaut.

Die Kämpfer treten barfuß auf. Sie tragen Boxhandschuhe und kämpfen mit Fäusten und Ellenbogen gegeneinander. Außerdem wird das ganze Bein (Zehen, Spann, Ferse, Schienbein, Knie und Oberschenkel) zum Angriff und zur Verteidigung benutzt. Die Schnelligkeit und die „Nehmerqualitäten" der Thai-Boxer sind bemerkenswert. Ihre besondere Spezialität sind Schienbeintritte und Kniestöße.

Thai-Boxen ist ein sehr harter und realistischer Kampfsport, der eine besondere Körperschule erfordert. Heutige Trainingsmethoden sind Schläge auf Sandsäcke und Schlagpolster sowie ein sehr intensives Sparring, um Treffgenauigkeit, Beweglichkeit und Reflexe optimal zu entwickeln.

Der Kampf beginnt mit dem traditionellen Eröffnungszeremoniell „Vai kru" (= Tanz, Gebet), das die Boxer vor Beginn des Kampfes ausführen. Die Kämpfer tragen an Stirn und Oberarm aus Schnüren geflochtene Amulette (Mong kon).

Ein Wettkampf dauert 5 Runden à drei Minuten mit Unterbrechungen von je zwei Minuten. Über einen Kampf richten drei Kampfrichter, von denen sich einer im Ring befindet. Dem Thai-Boxen gibt die Musik, die während des ganzen Wettkampfes ertönt, einen besonderen Reiz. Ein Vier-Mann-Orchester (Java-Flöte, Zimbel und zwei lange Trommeln) untermalt den Kampf.

Inzwischen werden Thai-Boxkämpfe auch in Europa (besonders in Holland), in den USA, in Japan usw. ausgetragen.

Nähere Einzelheiten über den Sport finden Sie in dem Buch „Thai-Boxen", erschienen im gleichen Verlag.

Viet Vo Dao

Viet Vo Dao, die moderne vietnamesische Kampfkunst, entstand aus alten Geheimkünsten buddhistischer Mönche. Die traditionellen Kampfpraktiken des Landes wurden 1938 zu einem einheitlichen System zusammengefaßt.

Viet Vo Dao (Viet = Vietnam, Vo = Kampfkunst, Dao = Weg, Lehre) wird als Sport betrieben und auch zur Selbstverteidigung geübt. Es werden Fußtritte, Fauststöße (die im Kreisbogen ausgeführt werden), Wurf- und Waffentechniken (Binh-khi) mit Stock, Dreschflegel (Long gian), Messer und Kurzschwert gelehrt.

Die Kämpfer trainieren an Holzpuppen und Sandsäcken, sind sehr schnell und wechseln flink und elastisch ihre Positionen. Die Hände werden teilweise wie ein Vogelschnabel benutzt (Hahnenkampfschule). Man legt Wert auf Atemübungen und die Stärkung der inneren Energie ,,Khi''.

Beim Viet Vo Dao werden auch Formen (Quyen) unterrichtet, bei denen Präzision und Körperbeherrschung im Vordergrund stehen:

Quyen Tap — einfache Formen

Quyen Co — traditionelle Formen

Quyen Tan — Kampfformen.

Viet Vo Dao-Wettbewerbe bestehen aus zwei Teilen:

1. Vorführung der Quyen

2. Wettkampf unter Verwendung einer Schutzausrüstung.

Es gelten folgende Regeln: Der ganze Brustbereich gilt als Treffläche für Faust- und Fußstöße. Leichtkontaktschläge gegen den Kopf sind erlaubt. Ellenbogen- und Knieeinsatz sind ebenso verboten wie Handkantenschläge aus der Drehung.

Bei Verletzung des Gegners erfolgt ein Punktabzug, wobei der Verursacher in schwerwiegenden Fällen disqualifiziert wird.

Beim Viet Vo Dao gibt es vier Schülergrade (cap) und 10 Meistergrade (dang).

Die wichtigsten Kampfsportbegriffe und Fachausdrücke

(alphabetisch geordnet — von Aikido bis Zen)

Aikido	*(jap.)* um 1935 von O. Sensei M. Ueshiba begründete wettkampf- und gewaltfreie Verteidigungs- und Bewegungskunst
Antas	*(philipp.)* Meistergrade
Arashi	*(jap.)* Sturm
Arnis	philippinischer Stock- und Waffenkampf
Ashi	*(jap.)* Fuß, Bein
Ashi-bumi	*(jap.)* „perfekter Stand" beim Bogenschießen
Ashi-waza	*(jap.)* Fuß- und Beinwurftechniken
Assaut	*(franz.)* Sturm, Angriff; beim Savate „technischer Kampf"
Atama	*(jap.)* Kopf
Atemi-waza	*(jap.)* Stoß- und Schlagtechniken auf vitale Punkte; Judo-Verteidigungstechnik
Ayumi-ashi	*(jap.)* Vorwärts- und Rückwärtsgehen
Balisong	philippinisches Schmetterlingsmesser, das aus zwei Griffhälften besteht, die mit einer schnellen Handbewegung in ein stabiles Messer verwandelt werden können
Bando	Kampfkunst aus Kambodscha
Basho	*(jap.)* Sumo-Turnier

154

Baton	*(franz.)* Stock
Bewegungsformen	→ Kata, → Hyong, Poomse
Bo	*(jap.)* ca 1,80 m langer Schlagstock mit ca. 3 cm Durchmesser (ursprünglich Tragestange)
Bodhidharma	indischer Mönch, der 520-535 im chinesischen Shaolin-Kloster lebte und dort Zen und die Kampfkünste einführte; → Ta Mo
Bogu	*(jap.)* Rüstung
Bo-jitsu	*(jap.)* die Kunst, mit dem Stock umzugehen
Bokken	*(jap.)* aus Hartholz gefertigtes Schwert mit Handschutz
Bolo	*(philipp.)* Machete
Bong-sul	*(kor.)* die Kunst, mit einem (kurzen) Stock umzugehen
Bo-shuriken	*(jap.)* nadelförmige Wurfwaffe der Ninja
Boxen	Faustkampf, Fechten mit der Faust
Bruchtest	Durchschlagen von Brettern oder Steinen beim Karate und Taekwondo
Bu	*(jap.)* Krieg, Krieger
Buah	*(indones.)* Kampf
Buddha	Begründer des Buddhismus, der vor ca.

2500 Jahren in Indien lebte und „Erleuchtung" (→ Satori) erlangte

Budo

(jap.) Weg des Ritters, Pflichten der Krieger; Oberbegriff für japanische Kriegs- und Kampfkünste

Budoka

(jap.) Anhänger; Ausübender asiatischer Kampfkünste z.B. Judoka, Karateka

Budokan

Sporthalle in Tokyo

Bukki-waza

(jap.) Waffentechnik

Bushi

(jap.) Angehöriger der Kriegerkaste, Ritter → Samurai

Bushido

(jap.) „Weg der Ritter"; Ehrenkodex der Samurai

Cadena de Mano

(span.) Handkette

Caestus

mit Metalldornen besetzter „Boxhandschuh" der Antike

Canne, La

→ La Canne

Cap

(viet.) Schülergrad

Capoeira

Kampfkunst aus Brasilien

Chai Yut

alte thailändische Kriegskunst

Chausson

(franz.) „Soldatenschuh"; Kampfmethode aus Bordeaux

Cheruvati	*(ind.)* kurzer Hartholzstock, zum schnellen Zuschlagen
Ch'i	*(chin.)* innere Kraft, Energie, Lebenskraft
Chigeriki	*(jap.)* an einer Kette befestigte Eisenkugel
Ch'i Kung	*(chin.)* Training der inneren Kraft, damit Körper und Geist gleichzeitig und gleichwertig als Vitalkraft wirksam werden
Chi Sao	*(chin.)* ,,klebende Hände" (Aspekt beim Kung Fu)
Cornwall-Stil	alte englische Ringkampfform
Choy Li Fut	*(chin.)* Kung Fu-Stil
Chuan Fa	chinesische Kampf- und Verteidigungskunst
Chudan	*(jap.)* mittlere Angriffsstufe
Chui	*(jap.)* Kampfrichterkommando: ,,Verwarnung"
Cross	*(engl.)* Boxhieb
Dachi	*(jap.)* Stellung, Position
Daimyo	*(jap.)* Adelstitel; waffenmächtiger Großgrundbesitzer
Daito-ryu	alte japanische Selbstverteidigungsschule
Dan	*(jap.)* Rang, Stufe; Meistergrad

Dang	*(viet.)* Meistergrad
Darn Do	*(chin.)* Zeremonien-Schwert
DDK	Deutsches Dan Kollegium, 1952 gegründete Vereinigung der Schwarzgurtträger
Direct	*(franz.)* Gerade beim Savate
Do	*(jap.)* Weg, Lebensweg, Lehre; Brustschutz beim Kendo
Dohyo	*(jap.)* Kampfplatz beim Sumo
Dohyo-iri	*(jap.)* Eingangszeremoniell beim Sumo
Dojang	*(kor.)* Trainingsraum, Übungsstätte
Dojime	*(jap.)* Nierenschere
Dojo	*(jap.)* Trainingsraum, Übungsstätte
Doublette	doppelter Boxhieb
Dussak	mittelalterliche europäische Fechtwaffe aus Holz
Ebi	*(jap.)* Krebsart
Ebira	*(jap.)* Pfeilköcher
Eiku	*(jap.)* Waffe der Fischer (ursprünglich Paddel)
Eishoji	alter Tempel in Tokio, Gründungsstätte des Judo → Kodokan

Elak	*(indones.)* Ausweichbewegungen
Enteki	*(jap.)* Kyudo-Weitschießen (60 m Distanz)
Eri	*(jap.)* Kragen
Escrima	philippinisches Kampfsystem unter Einsatz von ca. 60 cm langen Stöcken → Arnis
Fandab	thailändischer Waffenkampf
Fuki-dake-jutsu	*(jap.)* Blasrohrschießen; das Blasrohr (je länger, je treffsicherer) wurde von den Ninja zum Abschießen (oft vergifteter) Pfeile benutzt
Fukiya	*(jap.)* Blasrohrpfeil
Full contact	*(engl.)* Vollkontakt → Kickboxen
Fumi	*(jap.)* treten, hineintreten, eindrehen
Funakoshi, Gichin	auf Okinawa geborener Begründer des modernen Karate (1869 - 1957), → Shotokan
Gake	*(jap.)* einhängen, haken
Garami	*(jap.)* verdrehen; Beugehebel beim Judo
Gari	*(jap.)* sicheln
Gasshuko	*(jap.)* Lehrgang; ,,Training, bei dem man zusammen lebt/wohnt''
Gedan	*(jap.)* untere Angriffsstufe

Gi	*(jap.)* Kleidung, Anzug (Judoanzug = Judogi)
Ginga	*(portug.)* Wiegeschritt bzw. Kampfrhythmus beim brasilianischen Capoeira
Gladius	römisches Kurzschwert
Glima	isländischer Gürtelringkampf
Goju-ryu	*(jap.)* Karate-Stilrichtung
Gokyo-no-kaisetsu	*(jap.)* fünfstufiges Judo-Lehrsystem des Kodokan
Golok	*(indones.)* Kurzschwert
Gonosen-no-Kata	*(jap.)* Form der Judo-Gegenwürfe
Goschti Tschapan	afghanischer Jackenringkampf
Goshin-jitsu-no-Kata	*(jap.)* moderne Selbstverteidigungsform des Kodokan
Grabong	thailändischer Stockkampf
Grübleinringen	deutsche mittelalterliche Ringkampfform
Guruma	*(jap.)* Rad
Gyaku	*(jap.)* andersherum, umgekehrt
Gyaku-tsuki	*(jap.)* ,,umgekehrter'' Fauststoß beim Karate

Hachiman	*(jap.)* shintoistischer Kriegsgott
Hadaka	*(jap.)* nackt, bloß
Hajime	*(jap.)* Kampfrichterkommando: ,,Los! Anfangen!''
Hakama	*(jap.)* Hosenrock; Beinkleidung beim Kendo und Aikido
Hamon	*(jap.)* Härtezone des Schwertes
Hanare	*(jap.)* Auslösen des Pfeilschusses
Hanbo	*(jap.)* ca. 90 cm langer und 2 cm dicker Schlagstock
Hane	*(jap.)* Feder, Flügel; Sprung
Hanshi	*(jap.)* höchster Ehrentitel für einen Lehrer
Hansoku-make	*(jap.)* Kampfrichterkommando: ,,Disqualifikation''
Hantei	*(jap.)* Kampfrichterkommando: ,,Bewertung! Entscheidung!''
Hap	*(kor.)* Harmonie
Hapkido	koreanische Selbstverteidigung
Hara	*(jap.)* Bauch; Mitte des Menschen, Kraftzentrum
Harai	*(jap.)* fegen, mähen

Harakiri	*(jap.)* ritueller Selbstmord → Seppuku
Hasami	*(jap.)* Schere
Heian	*(jap.)* Form (Kata) beim Karate
Heki-ryu	*(jap.)* Kyudo-Lehrrichtung; Bogenschieß-Schule
Hellanoidike	*(griech.)* Kampfrichter in der Antike
Heya	*(jap.)* Internat für Sumokämpfer
Hidari	*(jap.)* links, linke Seite
Hiki-wake	*(jap.)* Gleichgewicht, Balance; Kampfrichter-kommando: ,,Unentschieden''!
Hishigi	*(jap.)* strecken, brechen
Hiya	*(jap.)* Feuer- oder Brandpfeil
Hiza	*(jap.)* Knie
Hizi	*(jap.)* Ellenbogen
Hoko	*(jap.)* Schwert mit langer Klinge, Lanze
Hon	*(jap.)* normal, grundlegend; Basis
Honbu-Dojo	Trainingsstätte für Aikido in Tokio
Hontai	*(jap.)* normale Körperhaltung
Hsing I	*(chin.)* Kung Fu-Stil

Hung Gar	südchinesischer Kung Fu-Stil
Hwarang	koreanischer Ritterorden
Hwarangdo	*(kor.)* ,,Weg des blühenden Ritters''; alte koreanische Kampf- und Heilkunst
Hyong	*(kor.)* Form; festgelegte, zeremonielle Vorführung von Taekwondo-Techniken
Iai-Do	*(jap)* Kunst des Schwertziehens
Iaito	*(jap.)* Langschwert zum Ausüben von Iai
Ibo Taeryon	*(kor.)* Zweischrittkampf beim Taekwondo
Ichi, Ik	*(jap.)* eins, Erster
Idori	*(jap.)* kniend
Ikebana	Japanische Kunst des Blumensteckens
Ilbo Taeryon	*(kor.)* Einschrittkampf beim Taekwondo
Ilmu	*(indones.)* innere Energie
Ippon	*(jap.)* Wettkampfkommando: ,,Ein Punkt''
Ippon-kumite	*(jap.)* Schlag- und Trittübungen beim Karate
Irimi	*(jap.)* eintreten
Irimi-nage	*(jap.)* Aikido-Wurftechnik
Itsutsu-no-Kata	*(jap.)* Form der 5 Judo-Symbole

Jeet Kune Do	von Bruce Lee popularisierte Kampfkunst
Jigo-tai	*(jap.)* Abwehrhaltung, Verteidigungsstellung
Jikan	*(jap.)* Wettkampfkommando: ,,Zeit''
Jitsu, Jutsu	*(jap.)* Kunst, Technik
Jitte	*(jap.)* ,,Enterhaken'', der zum Zerbrechen von Schwertklingen benutzt wurde
Jiu-jitsu	traditionelle japanische Selbstverteidigung
Jo	*(jap.)* ca. 1,30 m langer Fechtstock
Jodan	*(jap.)* obere Angriffsstufe
Jodan-tsuki	*(jap.)* Karate-Fauststoß zum Gesicht
Jodo	Stockfechtkunst
Jop-chagi	*(kor.)* Seitwärtsfußtritt
Joseki	*(jap.)* Ehrenplatz der Meister
Ju (Jiu)	*(jap.)* weich, sanft, nachgebend
Judo	,,Der sanfte Weg''; 1882 von J. Kano begründete japanische Kampfsportart
Judogi	*(jap.)* Judo-Anzug (Jacke mit Gürtel und Hose)
Judoka	*(jap.)* Judo-Sportler
Juji	*(jap.)* Kreuz, über Kreuz

164

Ju-jutsu	in Deutschland aus Judo, Aikido und Karate entwickeltes Selbstverteidigungs-System
Ju-no-Kata	*(jap.)* Form vom „Siegen durch Nachgeben"
Ka	*(jap.)* Ausübender, Sportler (z. B. Judo-ka)
Kaeshi-waza	*(jap.)* Gegentechnik, Kontern
Kagami-biraki	*(jap.)* Neujahrsveranstaltung des Kodokan
Kagato	*(jap.)* Ferse, Hacken
Kaginawara	*(jap.)* Seil mit Wurfanker (Ninja-Waffe)
Kakari-geiko	*(jap.)* Angriffstraining, Belastungsübung
Kake	*(jap.)* Endphase eines Judowurfes
Kalari	*(ind.)* Übungsraum
Kalaripayat	*(ind.)* Kampfkunst aus Südindien
Kali	philippinische bewaffnete und unbewaffnete Kampfpraktiken → Escrima, Arnis
Kama	*(jap.)* Sichel; zur Waffe umfunktioniertes Erntegerät
Kamae	*(jap.)* Stellung, Haltung
Kamakura	Japanische Geschichtsperiode (1185-1333)
Kami	*(jap.)* obere Körperhälfte, oberhalb
Kamikaze	*(jap.)* „Götterwind"; Selbstmordkommando

Kamiza	*(jap.)* ,,Göttersitz''; Ehrenplatz im Dojo, wo die Meister sitzen
Kan-geiko	*(jap.)* Wintertraining
Kani	*(jap.)* Krebsart; ,,Würgen wie ein Krebs''
Kannuki	*(jap.)* Riegel (eines alten Tores)
Kano, Prof. Jigoro	Begründer des Judo
Kansetsu-waza	*(jap.)* Hebeltechnik
Kara	*(jap.)* leer, unbewaffnet
Karate	,,leere Hand''; japanische Kampfsportart mit Schlag-, Tritt- und Blocktechniken
Kata	*(jap.)* Schulter; Form, Zeremonie (nach festgelegtem Schema ausgeführte Techniken oder Bewegungen, Kampf gegen imaginäre Gegner)
Katah Kuchi	indischer Kurzstock
Katame-no-Kata	*(jap.)* Die 15 fundamentalen Judo-Bodentechniken
Katame-waza	*(jap.)* Grifftechnik im Judo
Katana	*(jap.)* scharfes, einschneidiges Zweihandschwert (Säbel) der Samurai
Katate	*(jap.)* einhändig, mit einer Hand ausführen
Kato Bue	Eröffnungszeremonie beim burmesischen Boxen

Kempo	*(jap.)* Lehre vom Faustkampf; Kampf- und Selbstverteidigungskunst
Kendo	*(jap.)* Weg des Schwertes; die japanische Schwert- und Stockfecht-Kunst
Ken-jutsu	*(jap.)* Schwertkunst
Ken-ken	*(jap.)* nachsetzen, nachspringen
Ken-po	*(jap.)* Schwerttechniken
Keri	*(jap.)* Fußtritt
Kesa	*(jap.)* Schärpe
Kettukari	*(ind.)* ca 2 m langes Bambusrohr (beide Enden werden zum Stoßen und Schlagen benutzt)
Ki	*(jap.)* Strom der geistigen und körperlichen Kraft, Lebensenergie
Kiai	*(jap.)* Kampfschrei (Ki = Energie; ai = vereinigen)
Kiapsul	*(kor.)* Atemkontrolle
Kick-Boxen	*(engl.)* in den USA entwickelter Vollkontakt-Kampfsport, der mit Hand- und Fußschutz betrieben wird
Kihon	*(jap.)* Grundschule beim Karate
Kihon-kumite	*(jap.)* Partnertraining beim Karate

Kime	*(jap.)* vitale Punkte für wirksame Treffer
Kime-no-Kata	*(jap.)* die klassische Selbstverteidigungsform
Kimono	traditionelle japanische Kleidung
Kiri	*(jap.)* spalten, schneiden
Kiri-kaeshi	*(jap.)* Schlagübungen beim Kendo
Kito-ryo	alter japanischer Selbstverteidigungsstil
K.o.	*(engl.)* "knock out"; Niederschlag
Kobudo	*(jap.)* die Kunst, mit traditionellen Waffen umzugehen
Koch	armenische Ringkampfart
Kodokan	*(jap.)* ,,Schule zum Studium des Weges''; 1882 von J. Kano gegründetes Judo-Zentralinstitut in Tokyo
Koka	*(jap.)* Kampfrichterkommando: ,,Kleiner Vorteil''
Kokugi	Sumo-Sporthalle in Tokyo
Kombo	*(jap.)* Verteidigungskunst mit dem Stock
Komi	*(jap.)* von innen, hinein
Korykeion	*(griech.)* Trainingsraum der Allkämpfer
Korykos	*(griech.)* antiker ,,Punchingball''

Koshi (goshi)	*(jap.)* Hüfte
Koshiki-no-Kata	*(jap.)* die ritterliche Form der Verteidigung
Koshi-waza	*(jap.)* Hüftwurftechniken beim Judo
Kote	*(jap.)* Handschuh und Treffläche beim Kendo
Krabi Krabong	alte thailändische Waffentechniken
Kris	*(malay.)* doppelschneidiger Dolch, gerade oder geflammt; Zeremonienmesser, ursprünglich aus Meteor-Eisen gefertigt
Kroom	koreanische Schwert-Übungsform
Kuatsu	japanische Kunst der Wiederbelebung und Ersten Hilfe
Kubi	*(jap.)* Nacken, Genick
Kuji in	*(jap.)* Fingerzeichen der Ninja
Kukkiwon	Taekwondo-Zentrum in Korea
Kum-do	koreanische Schwertkampftechnik
Kumi-kata	*(jap.)* Grifftechnik (wie man den Gegner erfaßt)
Kumite	*(jap.)* Kampf; Übungskampf beim Karate
Kumi-uchi	*(jap.)* Ringen in voller Rüstung

Kung Fu	chinesische Kampf- und Bewegungskünste
Kup	*(kor.)* Schülergrad
Kurjasch	tatarischer Ringkampf
Kusari	*(jap.)* als Waffe benutzte Kette
Kusari-gama	*(jap.)* an einer Kette befestigte (als Waffe benutzte) Sichel
Kuzure	*(jap.)* Variation, Abart
Kuzushi	*(jap.)* aus der korrekten Position bringen; Brechen des Gleichgewichts
Kwon	*(kor.)* Faust; Handtechniken
Kyo	*(jap.)* eine Gruppe von Techniken → Gokyo
Kyokpa	*(kor.)* Bruchtest
Kyokushinkai	von M. Oyama begründete (Vollkontakt-) Karate-Stilrichtung
Kyorugi	*(kor.)* Kampf
Kyu	*(jap.)* Rang, Grad; Schülergrad
Kyudo	*(jap.)* „Weg des Bogens"; japanisches Bogenschießen
Kyujin	*(jap.)* „Bogenmensch"; Anhänger des Bogensports

La Canne	*(franz.)* bretonische Stock-Selbstverteidigung
Langka	*(indones.)* (Einmann-) Bewegungsform
Lee, Bruce	chinesischer Action-Schauspieler, Kung Fu-Artist und Idol, 1973 im Alter von 32 Jahren gestorben
Leichtkontakt	im Karate und Ju-Jutsu gebräuchliche Kampfweise, bei welcher Schläge und Tritte den Körper des Gegners zwar berühren, größere Schlagwirkungen aber vermieden werden
Löwentanz	traditionelle Vorführung chinesischer Kung Fu-Schulen
Long gian	*(viet.)* Dreschflegel, Schlaghölzer
Longyi	Hüfttuch beim burmesischen Boxen
Loua lala pue	Fahnenturnier beim burmesischen Boxen
Louvi yi pya	*(burm.)* ,,Boxertanz''
Low Kick	*(engl.)* (Halbkreis-) Fußtritt zum Standbein des Gegners
Ma	*(jap.)* gerade
Mabuni, Kenwa	Begründer der Karate-Stilrichtung ,,Shito-ryu''
Mae	*(jap.)* vorn, vorwärts

Mai	*(jap.)* Distanz zum Gegner
Maippayat	*(ind.)* ,,Körpertraining''; eine Kampfkunst, die mit Massagepraktiken (Uzhichill) verbunden ist
Maitta	*(jap.)* Kampfrichterkommando: ,,Aufgabe''
Maki komi	*(jap.)* einrollen
Makiwara	*(jap.)* Strohrolle; Schlagpolster beim Karate; 2-3 m entferntes Übungsziel (Strohtonne) beim Kyudo
Makura	*(jap.)* Kissen, Kopfkissen
Manriki-gusari	*(jap.)* ca. 80 cm lange Kette (mit Gewichten an beiden Enden), die zur Abwehr und zum Knebeln benutzt wurde (Ninja-Waffe)
Mantis Kung Fu	*(chin.)* ,,Gottesanbeterinnen''-Kung Fu-Stil
Martial Arts	*(engl.)* Oberbegriff für die Kampfkünste
Mata	*(jap.)* innen; Schenkelseite
Mato	*(jap.)* in 28 m Entfernung befindliche Kyudo-Zielscheibe mit 36 cm Durchmesser
Mawashi	*(jap.)* Gürtel der Sumo-Ringer
Mawashi-geri	*(jap.)* Halbkreisfußtritt beim Karate
Maya	alte thailändische Kriegskunst

Mei hua dao	*(chin.)* „Pflaumenblütensäbel", Kung Fu-Waffe
Meji-Restauration	Aufhebung des Feudalismus in Japan (1868 - 1912)
Men	*(jap.)* Gesicht; Kopf-Treffer beim Kendo; Fechtmaske
Migi	*(jap.)* rechts, rechte Seite
Moc Can	*(viet.)* Stock
Mokuso	*(jap.)* stille Meditation (vor und nach dem Training)
Mondo	*(jap.)* Lehrgespräch
Mong Kong	Amulett der Thai-Boxer
Moro Moro	*(philipp.)* als Tanz getarnte Kampftechniken
Morote	*(jap.)* mit zwei Händen, beidhändig
Muay	*(thai.)* Schlagen, Treten
Muay Thay	thailändisches Boxen mit Händen, Fäusten, Ellenbogen und Knie; populärer Profi-Sport in Thailand (Vollkontaktkampf)
Mudo	koreanische Bezeichnung für Budo-Sport
Mune	*(jap.)* Brust
Musashi, Myamoto	berühmter japanischer Samurai des 17. Jahrh.

Musul	alte koreanische Kampf- und Kriegskunst
Myama Yuga Louvi	burmesisches Boxen
Nage	*(jap.)* Wurf, werfen
Nage-no-Kata	Die 15 Grundwürfe des Judo
Nage-waza	*(jap.)* Wurftechnik im Judo
Naginata	*(jap.)* mit einer Schwertklinge versehene Lanze; später als Damenwaffe gebräuchlich
Naha-Te	alte Kampfkunst aus Okinawa
Nami	*(jap.)* üblich, normal
Ne	*(jap.)* liegend, in der Bodenlage
Negativata	*(portug.)* Verteidigungstechnik beim brasilianischen Capoeira
Netsuke	*(jap.)* Knebelknopf, Gürtelschnalle
Ne-waza	*(jap.)* Bodentechnik im Judo
Ni	*(jap.)* zwei, Zweiter
Ninja	*(jap.)* „Schattenkrieger"; mittelalterliche japanische Spione und Attentäter
Nin-jutsu	*(jap.)* den Ninja zugeschriebene Kampfkünste, Kriegs- und Waffentechniken
Nippon	*(jap.)* Japan

Nomi-no-Sukune	*(jap.)* Schutzpatron der Sumo-Kämpfer
Nunchaku	*(jap.)* zwei mit einer Kordel oder Kette verbundene kurze Stäbe aus Holz oder Metall, die ursprünglich als Dreschflegel, später als Waffe benutzt wurden
O	*(jap.)* groß
Obi	*(jap.)* Gürtel
Oh Do Kwan	berühmte koreanische Taekwondo Schule
Okinawa-Te	auf der Insel Okinawa entstandene Kampfkunst
Okuri	*(jap.)* nachführen, nachsenden
Osae	*(jap.)* festhalten
Osae-komi-Waza	*(jap.)* Judo-Haltetechnik
Oshi	*(jap.)* Schiebetechniken beim Sumo
Othen	*(jap.)* auf die Seite drehen
Othsuka, Hironori	Begründer des Wado-ryu-Karate (1892 - 1981)
Otoshi	*(jap.)* fallen lassen, hinwerfen
Otta	*(ind.)* Stock

Paidotriebe	*(griech.)* Ringkampftrainer in der Antike
Pa Kua	*(chin.)* Kung Fu-Stil
Palästra	*(griech.)* antike Kampfsportstätte
Pankration	*(griech.)* von Berufskämpfern im antiken Griechenland betriebener Allkampf
Passang	*(indones.)* Grundbewegung
Payat	*(ind.)* Kampfkunst
Pedang	*(indones.)* Langschwert
Pencak Silat	*(indones.)* ,,kunstvolles Kämpfen''; bewaffnete und unbewaffnete Selbstverteidigungskunst aus Indonesien
Pendscha	indischer Messerkampftanz
Penthalon	antiker Fünfkampf
Pisau	*(indones.)* kurzes Messer
,,Plastik-Karate''	Spottname für Karate-Kämpfe, die mit Hand- und Fußschutz ausgetragen werden
Poomse	*(kor.)* Formen (1 - 17) beim Taekwondo (Kampf gegen imaginäre Gegner)
Prana	*(ind.)* Lebensenergie, Atem
Pulut	artistische Form des indonesischen Silat

Push Hands	*(engl.)* gekonntes Wegstoßen beim Kung Fu
Pyrrhiche	antiker griechischer „Waffentanz"
Qigong	*(chin.)* Atemübungen für Gesundheit und Kampf; Übungen zur Förderung der inneren Kraft → Ch'i
Quyen	*(viet.)* Form
Rahn, Erich	deutscher Jiu Jitsu-Altmeister
Rajadamnern	Boxstadion in Thailand
Ran	*(jap.)* Frieden
Randori	*(jap.)* Übungskampf beim Judo
Rangeln	traditioneller Ringkampf in der Alpenregion
Rasrat	*(russ.)* Schülergrade beim Sambo
Rei	*(jap.)* Grußkommando: „Zur Begrüßung Verbeugen"
Renmei	*(jap.)* Verband, Förderation
Renraku-waza	*(jap.)* Kombinationstechniken
Renshi	*(jap.)* Ehrentitel für einen Lehrer
Rhode, Alfred	Begründer des ersten Deutschen Judo-Clubs und des Deutschen Dan Kollegiums

Rio	*(jap.)* zu zweit, beide
Ritsu-rei	*(jap.)* Gruß im Stehen
Ritsu-zen	*(jap.)* aufrechte Meditationsübung (auf den Zehen stehend)
Roda	*(portug.)* Kampfring beim Capoeira
Ronin	*(jap.)* herrenlose Samurai
Ryu	*(jap.)* Stil, Schule; innerhalb einer Familie oder eines Personenkreises gepflegte Kampfkunst-Variante
Sabaki	*(jap.)* drehen, ausweichen
Säbel	einschneidige Hieb- und Stichwaffe mit asymmetrischer Klinge; Reiterwaffe
Safety Kick and Punch	*(engl.)* Fuß- und Handschutz (beim Kickboxen)
Sai	*(jap.)* ursprünglich als Kultgegenstand benutzte Gabel, die später zur Selbstverteidigung (Schwertabwehr) und als Wurfwaffe eingesetzt wurde
Sambo	*(russ.)* Selbstverteidigungsdisziplin und Kampfsport aus der ehemaligen UdSSR
Sambut	*(indones.)* Partnertraining
Samurai	japanischer Ritter der Feudalzeit; Krieger, Kriegerkaste

San	*(jap.)* drei; (als Nachsilbe) „Herr"
Sankaku	*(jap.)* Dreieck
Sasae	*(jap.)* stützen, halten, blockieren
Satori	*(jap.)* Erleuchtung durch „Leerheit"
Savate	„Das französische Boxen" (La Boxe Francaise)
Sax	Kurzschwert der Germanen (Sachsen)
Saya	*(jap.)* Schwertscheide
Schultern	den Gegner beim Ringen auf beiden Schultern eine Sekunde lang auf der Matte halten
Schwert	meist zweischneidige (symmetrisch um eine Mittelachse geformte) Hieb- und Stichwaffe mit geradem Griff, Parierstange oder Stichblatt
Schwingen	schweizerische Zweikampfart
Seiryuto	*(jap.)* Machete, Haumesser
Sekitori	*(jap.)* oberster Rang der Sumo-Kämpfer
Selem Bam	*(ind.)* alter indischer Waffenkampf
Semi contact	*(engl.)* Halbkontakt
Sempai	*(jap.)* der Erfahrene (ältere Schüler), Tutor

179

Sensei	*(jap.)* Meister, Lehrer (Anrede)
Seoi	*(jap.)* schultern
Seppuku	*(jap.)* ritueller Selbstmord durch Bauchaufschneiden → Harakiri
Shaken	*(jap.)* Wurfstern; Wurfwaffe der Ninja
Shaolin Kempo	alte chinesische Kampfkunst
Shiai	*(jap.)* Kampf, Wettkampf
Shihan	*(jap.)* Ehrentitel für einen Meister
Shiho	*(jap.)* vier Ecken
Shime-waza	*(jap.)* Würgetechnik beim Judo
Shimoza	*(jap.)* der Platz im Dojo, wo die Schüler sitzen
Shimpan	*(jap.)* Kampfrichter, Schiedsrichter
Shinai	*(jap.)* Fechtstock; Übungswaffe aus Bambus, die beim Kendo das Schwert symbolisiert
Shintoismus	ursprüngliche Religion Japans (Naturverehrung, Vaterlandsliebe, Ahnenkult)
Shinto-ryu	alte japanische Selbstverteidigungsschule
Shi pa lo han sho	*(chin.)* ,,die 18 Hände der Lo Han'' (18 Boxübungen der Shaolin Mönche)
Shito-Ryu	Karate-Stilrichtung → Mabuni

Shizen Tai	*(jap.)* Grundstellung
Shogei	*(jap.)* Dolch mit Haken, Kette und Eisenring (Ninja-Waffe)
Shogun	Militärbefehlshaber im alten Japan; oberster Feldherr
Shorinji Kempo	von Doshin So in Japan etablierte Kampfkunst-Stilrichtung
Shotokan	*(jap.)* von Gichin Funakoshi um 1920 begründete Karate-Stilrichtung
Shuriken	*(jap.)* Wurfwaffe der Ninja
Sifu	*(chin.)* Lehrer, Meister
Silat	Kampfkunst aus Indonesien bzw. Malaysia
Silat seni	*(indones.)* Formen im Silat
Sinawali	*(philipp.)* Folgen von Stockkampftechniken
Sode	*(jap.)* Ärmel
Sodokan	*(indones.)* Schlagtechniken
Sono-mama	*(jap.)* Kampfrichterkommando: „Liegenbleiben"
Soto	*(jap.)* außen
Suburi	*(jap.)* Hacke

Sukui	*(jap.)* Schaufel
Sulsa	*(kor.)* ,,Schwarzer Ritter''
Sumai	*(jap.)* alte Kampfkunst, Vorläufer des Sumo
Sumi	*(jap.)* Ecke
Sumo	*(jap.)* ,,sich wehren''; der traditionelle japanische Ringkampf der Schwergewichte
Sutemi-waza	*(jap.)* Judowürfe beim Zu-Boden-gehen
Suwari-waza	*(jap.)* Techniken im Knien
Tabi	*(jap.)* Socke (mit Zeheneinschnitt)
Tachi	*(jap.)* Stand, im Stehen
Tachi-waza	*(jap.)* Standtechnik beim Judo
Taekwondo	Koreanischer Kampfsport, der mit Händen und Füßen (sowie Kopfschutz und Schutzweste) ausgeübt wird
Taekwondoin	*(kor.)* Taekwondo-Ausübender
Tae-ryong	*(kor.)* Partnertraining im Taekwondo
Tai	*(jap.)* Körper
Tai Chi-chuan	Chinesisches Schattenboxen; sanfte, geschmeidige Bewegungssportart
Tai-jitsu	*(jap.)* Körperkampf; Kampf ohne Waffe, den

Ninja zugeschriebene Selbstverteidigungstechniken

Tai-sabaki	*(jap.)* Gleichgewicht, in Balance bewegen; aufrechte Körperdrehung
Tam-bo	*(jap.)* kurzer, ca. 50 cm langer Fechtstock
Tameshiwara	*(jap.)* Bruchtest
Ta Mo	Begründer des Shaolin-Tempel-Boxens → Bodhidharma
Tanden	*(jap.)* Unterleib
Tandoku-renshu	*(jap.)* Üben ohne Partner
Tangkah	*(indones.)* Schrittbewegung
Tangkisan	*(indones.)* Abwehrtechnik
Tang Te	*(chin.)* ,,China Hand''; auf Okinawa betriebene Kampfkunst
Tani	*(jap.)* Tal, Ebene
Tanto	*(jap.)* Samurai-Dolch; Messer, Wurfmesser
Tanto-jutsu	*(jap.)* Messerkampf
Taoismus	auf Laotse zurückgehende chinesische Philosophie
Tare	*(jap.)* Hüftschutz beim Kendo
Tatami	*(jap.)* Matte, Reisstrohmatte

Tate	*(jap.)* von oben, senkrecht
Tawara	*(jap.)* Reisstrohballen
Te	*(jap.)* Hand
Tegatana	*(jap.)* Schwerthand
Tekken-zu	*(jap.)* Schlagring-Gebrauch
Tekubi	*(jap.)* Handgelenk
Tendangan	*(indones.)* Fuß- und Trittechniken
Tenjin-shinyo-ryu	alte japanische Selbstverteidigungsschule
Tenkan	*(jap.)* umwandeln
Teppo	alte japanische Handfeuerwaffentechnik
Tessen	*(jap.)* ca. 1 cm dicker und 30 cm langer (aus einem Fächer entwickelter) Schlagstock
Te-waza	*(jap.)* Hand-, Arm- und Schulterwürfe im Judo
Thai-Boxen	thailändischer Boxkampf mit Händen und Füßen; populärer Profisport in Thailand
Thaing	burmesische Kampfkunst
Timbei	*(jap.)* Schild
Tiroler Rangeln	volkstümliche Ringkampfart aus Österreich
Tobi-komi	*(jap.)* springend, hineinspringen

Tobok	*(kor.)* Sportkleidung beim Taekwondo
Tode	alte Kampfkunstform auf Okinawa
Tokui-waza	*(jap.)* Lieblingstechnik
Tomoe	*(jap.)* Bogen, Kreis
Tonfa	*(jap.)* Holzwaffe, die zum Schlagen und Blocken am Unterarm gehalten wird (ursprünglich Griff zum Drehen eines Mühlrades)
Tori	*(jap.)* der Ausführende, Angreifer, Werfer
Toyak	*(indones.)* Stock
Tshidaoba	grusinischer Ringkampf
Tshiburi	*(jap.)* Abschlagen des Blutes vom Schwert
Tsuba	*(jap.)* Stichblatt beim Schwert, Handschutz beim Shinai
Tsugi-ashi	*(jap.)* Nachstellschritt
Tsuki	*(jap.)* stoßen; Stoßtechniken beim Karate und Sumo; Kehlstich beim Kendo
Tsukuri	*(jap.)* Wurfeingang beim Judo
Tsuri	*(jap.)* schleifen
Tsuri komi	*(jap.)* an sich ziehen; Hebezug beim Judo
Tsuru	*(jap.)* Sehne

Uchi	*(jap.)* innen
Uchi-komi	*(jap.)* zuschlagen; Wurfansätze mit Partner ohne zu werfen
Uchiokoshi	*(jap.)* Anheben des Bogens
Ude	*(jap.)* Arm
Ueshiba, Morihei	Begründer des Aikido
Uke	*(jap.)* der Geworfene; derjenige, der die Technik „erleiden" muß
Ukemi	*(jap.)* fallen, Falltechnik
Uki	*(jap.)* schweben, gleiten
Ura	*(jap.)* Rückenlage; entgegengesetzt
Urumi	*(ind.)* langes, biegsames „Schwert", das wie ein Gürtel um die Taille getragen werden kann
Ushiro	*(jap.)* von hinten, rückwärts
Utsuri	*(jap.)* wechseln, überwechseln
Uzhichill	*(ind.)* Massagepraktiken
Vai-kru	Eröffnungszeremoniell beim Thai-Boxen
Vajra Mushti	alte indische Ringkampf- und Kriegskunst ohne Waffen

Varma Kalai	tamilische Kampfart mit bloßen Händen und Waffen (Stock)
Vat	*(viet.)* freier Kampf
Viet vo dao	der vietnamesische „Weg der Kampf-künste"
Vollkontakt	Karate- oder Kickbox-Stilrichtung, bei der mit voller Kraft geschlagen oder getreten wird (meist werden Hand- und Fußschützer getragen)
Wado-ryu	*(jap.)* von Hironori Othsuka begründete klas-sische Karate-Stilrichtung
Wakare	*(jap.)* reißen
Waki	*(jap.)* Achsel
Wakizashi	*(jap.)* Kurzschwert, ca. 40 cm lang
Waza	*(jap.)* Technik
Waza-ari	*(jap.)* Kampfrichter-Kommando: „Halber Punkt, Wertung!"
Wing Tsun	*(chin.)* von der Nonne Ng Mui begründeter Kung Fu-Stil
Worstelkonst	mittelalterliche niederländische Selbstver-verteidigungskunst
Wushu	*(chin.)* Kunst des Kämpfens; Oberbegriff für die unterschiedlichen Stile der chinesi-

schen Kampfkunst → Kung Fu;
Akrobatik und Gesundheitslehre

Wyberhaken   Griff beim schweizerischen ,,Schwingen''

Ya   *(jap.)* Pfeil

Yabusame   *(jap.)* Bogenschießen auf galoppierendem
                   Pferd

Yakusoku-geiko   *(jap.)* Training nach Absprache; lockeres
                   gegenseitiges Werfen

Yama   *(jap.)* Berg

Yang-Stil   *(chin.)* Kung Fu-Stilrichtung

Yari   *(jap.)* Speer

Yawara   alte japanische Selbstverteidigungskunst
                   der Feudalzeit (17. Jahrh.)

Yin-Yang   chinesisches Dualitäts-Prinzip der zusam-
                   menwirkenden und sich bekämpfenden
                   Kräfte

Yoga   indische Lehre der Entspannung und Gelas-
                   senheit

Yoko   *(jap.)* Seite, seitwärts

Yori   *(jap.)* Grifftechniken beim Sumo

Yoshin-ryu   *(jap.)* ,,Weidenherz-Schule''; altes Selbst-
                   verteidigungssystem

Yubi	*(jap.)* Finger
Yugake	*(jap.)* Kyudo-Handschuh
Yuko	*(jap.)* Kampfrichterkommando: ,,Großer Vorteil''
Yumi	*(jap.)* Bogen

Za	*(jap.)* Sitz
Zanshin	*(jap.)* entspannte, aber wachsame Haltung; Geistesgegenwart; Aufmerksamkeit
Zarei	*(jap.)* Begrüßung im Sitzen
Za-zen	*(jap.)* Sitzhaltung; Meditation im Sitzen (bei dieser zentralen Übung im Zen sollen Gedanken, Ängste und Wünsche wie Wolken vorüberziehen)
Zen	*(jap.)* Versenkung, Meditation; Lebenshaltung; buddhistische Lehre des Handelns mit dem Ziel der Erleuchtung → Satori 1. Za-zen, Meditation im Sitzen: a) Rinzai, der Übende sitzt mit dem Gesicht zum Raum. b) Soto-zen, der Übende sitzt mit dem Gesicht zur Wand. 2. Tachi-zen, Meditation im Stehen
Zenkutsu-dachi	*(jap.)* Vorwärtsstellung

| Zen Nippon Kendo Renmei | alljapanischer Kendo-Verband |
| Zen Nippon Kyudo Renmei | alljapanischer Kyudo-Verband |

Bibliographie

B. Schröder, Der Sport im Altertum.
M. Schoetz & Co. Verlagsbuchhandlung — Berlin 1927.

A. Hirn, Ursprung und Wesen des Sports.
Weidmannsche Buchhandlung — Berlin 1936.

Autorenkollektiv, Sport und Gesundheit.
Verlag für fremdsprachige Literatur — Beijing 1984.

B. Poliakoff, Kampfsport in der Antike.
Artemis Verlag — Zürich/München 1989.

H. Ueberhorst, Geschichte der Leibesübungen.
Bartels & Wernitz — Berlin 1972.

D.F. Draeger, Asian Fighting Arts.
Kodansha International — Tokyo 1969.

C. Diem, Weltgeschichte des Sports.
Cotta Verlag — Stuttgart 1971.

V. Olivova, Sports and Games in the Ancient World.
Orbis Publishing — London 1984.

H. Kolmer, Vorformen sportlicher Aktivitäten in
prähistorischen Felsbildern.
Österreichischer Bundesverlag — Wien 1989.

G. Bogeng, Geschichte des Sports aller Völker und Zeiten.
Verlag Seemann — Leipzig 1926.

A.D. Touny/St. Wenig, Der Sport im alten Ägypten.
Edition — Leipzig 1969.

Budo International / Karate Budo Journal.
Satori Verlag — Kempen.